「自己チュー」で怒られる人

自然体でストレートな集中型

人間はたった2つ!

通称 前者 後者 論

認知カウンセラー――
向江好美

「ココロ」が見える
mind up
選書

客観的で空気を読む計算上手

「気にしい」で疲れちゃう人

Clover
クローバー出版

前者さんの特徴

そつがない／計算している
陰（裏）で動く／察しがよく空気を読む
嫌味を言う／予定調和的／段取り好き
回す側だが振り回される／意図がある

後者さんの特徴

波がある／ストレートに動く／集中型
思ったことをそのまま言う（やる）
空気を読まない／嫌味が通じない
信じられないことしてネタになる
ミラクルを起こす／意図がない

はじめに――「人それぞれ」ではない

親子、兄弟、恋人に夫婦、友人、上司に部下……。
いつもは共通の話題で盛り上がり、お互いに相手の性格や人となりに愛情や信頼感もある。**なのに、**なぜか踏み込んだ大事な話になると**「話が通じない」「根本的な何かが噛み合わない」**という感覚を抱くことはありませんか。

自分としては、人としてごく当然の感覚をベースに話していて、変なことを言っているとは思えない。相手も理解しようとする気がないわけではなく、むしろ聞こうとしてくれている。

それなのに何かが通じない。「私がおかしいのか？」というくらい、こちらの言いたいことがまっすぐに伝わらない、見えない壁や空気でもあるような、そんなもどかしさ。でもその違和感を言葉にして説明できない……。

あるいはもうそんなレベルではなく、常日頃から**「なんであの人はああなのだろう」**と、身近な誰かの理解を超える言動を疑問に思っていたり、逆に**「どうして自分はこうなのだろう」**と悩んだり、不思議に思っていたりするかもしれません。

いろんな人がいて**人それぞれ**。そう思っていたでしょうか。

でも、本当にそうでしょうか？

自分をそう納得させつつ、「本当にそれだけなのだろうか」と疑問を抱き続けてきた人は少なくないはずです。確かに「いろんな人」がいるのはその通りで、もちろん最後は「人それぞれ」でしょう。一人ひとり性格も育った環境もしてきた選択も違うのですから、「出来上がり」が違うのは当然です。

けれど一方で、例えば性別、生まれた国や人種、時代……こうしたベースとなる土台の差によって、人は肉体的にも社会的にも、個性の手前で共通の大きな影響を受けています。そしてもし、**「脳や意識」の仕組みにも、男女の体のような、生まれつきの「大きな仕組みの違い」がある**としたらどうでしょうか。

それはあったのです。しかも**たったの2種類**です。

人間は必ずそのどちらかの仕組みに属し、AでなければB、BでなければAです。その2タイプでは、

- **世界の見え方（ものごとの認識の仕方）**
- **意識のあり方**
- **ものごとを処理する仕組み（情報システム）**

さえも、そもそも大きく違ったのです。

これは「大多数」対「特別な少数派」の話ではありません。人類がその2つに分かれている、という話です。そして、すぐ隣の人間に聞いて確認できるほど「日常」圏内の話でもあります。

その2タイプでは親子兄弟ですら「住んでいる世界が違う」と言っていいくらい、いろんな前提が異なります。そのため一方の「当たり前」が、人類のもう半分にとっては「想定外」である場合さえあります。一見同じ場所で同じ言葉を話しているのに、実はすぐ隣には想像もしていなかった**異世界**が広がっているのです。

「そういう人っているよね」「なんであの人は（私は）……」と世の中で言われている多くの「人それぞれ」は、実は同じ根本的な原理から発した「出方」の1つとして、体系立てて説明できるものだった……。

しかもその「仕組み」の違いは**「なぜ今まで誰も気づかなかった?」**というほどシンプルで具体的です。

本書を通して、おそらくみなさんがこれまで**人生で抱いてきた違和感と疑問の多くに回答と決着をつけることができる**ことでしょう。

それに気づくことで、ただ「そういう人もいる」「自分はこうである」というだけではなく、その背景について「理解」や「想像」ができるようにもなるでしょうし、あるいは逆に「わからないものなのだ」「そういうものなのだ」という諦めがつくかもしれません。

そして自分がいかに多くの「誤解」をしてきたか、必要のない劣等感や罪悪感を抱いてきたか、いかに見えていないものがたくさんあったかにも気づくと思います。

ただ「知らない」というだけによる、すれ違い、誤解、不要な消耗が世の中にどれほどあることか……！　そのロスが回避され、そのエネルギーがちゃんと嚙み合えば、どれだけの豊かと創造的な化学変化が起きることか、と思ってなりません。

また具体的な仕組みの違いをはっきり知ることで、精神論や性格論のような**「心理問題」と、純粋な「機能課題」を具体的に切り離して考えていくことも可能になります**。助けにもなるでしょう（目が悪い人に必要なのは努力より先にメガネです）。心理は必ず最後はからんできますが、仕組みに沿った「筋の良い」試行錯誤につながりやすくなるはずです。

でも何より、**このご時世に広大なフロンティアが残っていた**という衝撃を共有してもらいたいと思います。しかもそれは、「特別な技術や知識や経験の先に知ることのできる何か」ではありません。**「すぐ隣」**にあるのです。この話に携わって数年経ちますが、未だに、同じ日本語を使って異文化交流できることを不思議に感じます。それをみなさんにも経験してもらい、「そうだったのか」という納得、想像もしていなかった「!!」という視点の広がりを味わってもらいたいと思います。きっとみなさんの**見える世界が倍になる**ことでしょう。

なお、本書の「人間の2タイプ」の話は、心理カウンセラーの心屋仁之助さんが2015年末に提唱した**「前者後者論」**という考え方から発展しています。

私の立場は**心屋さんが見出した「2タイプ」に対して、「仕組み」面を言語化し体系立てた**という立ち位置です。私自身は心屋塾の認定カウンセラーでもあり、本書の内容は心屋さん関係のコミュニティにつながっている中で発展してきた考察でもあるのですが、本書の内容に心屋さん自身はノータッチです(出版に際してこの名称を引き継いで使っていいとの許可は頂きましたが)。「前者後者」という事実の発見は心屋さんがされたものですが、本書の内容は心屋さんのものとは基本的に独立した考察です。心屋さん自身の思いや見解は私と異なる部分もあるかと思います。本書の内容に関する責任はあくまで私一人にあるものとしてご理解ください。

提唱者の心屋さん自身は、仕組みに踏み込むよりも「現に違いがある」という事実を知った上でどうやって幸せに生きるか、諦めてお互い笑うのか、自分らしく自由になるか、といった「心のありよう」についてをメインにした発信を続けていらっしゃいます（と私は理解しています）ので、ぜひそちらもご参考ください。

前者後者論は心屋さんの主要な考えの一部なので、公式ブログに関連記事がたくさんあります（公式説明記事【永久保存版・全体概要】前者・後者は世界を救う?!　前者後者ってなんだ？：https://ameblo.jp/kokoro-ya/entry-12147677137.html）。

関連著書では『心屋仁之助のそれもすべて、神さまのはからい。（王様文庫）』『心屋先生のお母さんが幸せになる子育て（WAVE出版）』『心屋仁之助　最初で最後の講演録（かんき出版）』『「夫婦神話」を捨てたら幸せになっちゃいました（WAVE出版）』などに、対応する話が紹介されています。前者後者を問わず「人としての生き方のヒント」を知ることができると思いますので、ぜひお手にとってみてください。

目次

Ⅱ ものを考える仕組みの違い

I

人間の成り立ちは2種類に分かれている

人間はたった2つ!
通称 前者 後者 論

「自己チュー」で怒られる人

「気にしい」で疲れちゃう人

1章 その謎の理由

「注意したはずなのに、なんでこんなにミスが多いのだろう」

「言われればわかるけれど、なんで言われるまで気づけないのだろう」

「それくらいわかるだろう、と言われても本当にわからない」

「自分をどれだけ見張っていても、気が利かず無神経と言われる」

「どこまでを努力というのだろう。そもそもできることだという気がしないし、倒れるくらいの疲労をもってしか達成できないことを、なぜ平然と要求されるのか」

「なぜそれが〝どうしようもない〟ということが相手にはわからないのか」

「人の気持ちが痛いほどわかるつもりなのに、一方でお前は人の気持ちがわからないのか、と言われるのはなぜなのだろう」

私に「何か」あるのだとして。
でも、何をどうしたらいいのかわからない。
そもそも、なんでそういうことになるのかがわからない。

それが私の子供の頃からの人生を賭けてきた、と言ってもいい疑問でした。ずっと〝謎〟としか言いようがなく、理解力や頭の良し悪しでは説明がつかない。だって、どう考えても私は自分自身をそれほど頭が悪いとは思えなかったからです。自分の頭でものを考えられない人間でもない。でも、そういうことが起こるし、理由がわからない。

性格？　確かに性格なのかもしれない。でも「いい人」とまでは言えなくても、思いやりや優しさを致命的に持ちあわせていないとまではどうしても思えない。あるいは、仮に〝自分勝手〟でも〝自己中心的〟でも〝冷たい人間〟でも〝何かが欠落している〟のでもいい。でも、**そんな説明では私は絶対に納得したりしない**。それはただ事象を名付けただけで、何一つ説明してはいない。私の疑問の答えには、決してならない。

なぜなら、私が知りたいのは結果を起こす仕組み、つまり具体的に「何」によってそれが起きて、「どんな風に」そういう現実の結果につながるのか、だったから。

私は何に気づかず、何がわかっていないことを指摘されているのか。できないならできないで、それは何が原因なのか、そのことを**具体的に理解し納得したい**。

ずっとそう思っていました。

成長につれて紆余曲折ありながらも、周囲とそれなりに良好な関係でいられるようになってきた後も、それはある部分では開き直り、ある部分では乗り越え、ある部分では諦めながらも、ずっと心に引っかかっていた謎でした。

そしてその謎が解けたのが２０１６年の１月のことでした。

通称【前者・後者論】

私がその答えを見出したのは、当時心理カウンセラーの心屋仁之助さんが展開し始めていた、通称**【前者・後者論】**という考え方の中でした。

心屋さんは、ＴＶ番組にレギュラー出演されていたこともありますし、継続的にベストセラーを出されているので、ご存じの方、書店で著書を見かけたことのある方も多いかもしれません。私にとっては私がサラリーマンを辞めてセラピストの道に入るきっかけになった方で、私は彼の率いる「心屋塾」の認定カウンセラーでもあります。

この前者後者論は、心屋さんが2015年11月に彼の公式ブログ（現読者数：約20万人）で**「人間には2つのタイプがいる」**という内容の記事を発表したのが始まりです（https://ameblo.jp/kokoro-ya/entry-12096124444.html）。ネーミングは完全になりゆきですが、その2タイプはそれぞれ「**前者**（ZEN-SHA）」「**後者**（KOU-SHA）」と呼ばれます（心屋さんが一般的な使い方で「前者は……」「後者は……」と2タイプの説明をしていたら、いつの間にか固定名称化しました）。

「世の中には子供でいられなかった大人と大人になり切れなかった子供のような大人がいる」という書き出しで始まったその記事には、それぞれの特徴、とりがちな行動、よく置かれがちな立場とその中で抱いている思い、お互いどうしようもないことなのに誤解したり、傷ついたり、わかってもらえない思いを持っている……ということが、ていねいに思いやりをもって語られていました。

同界隈ではしばらく大きな反響があり、「そうなんです！」「わかってくれる人がいた！」という激しい賛同や共感がある一方、「大人・子供」のような対比の仕方や「生まれつきの違い」という見方に対する反発や「そんな単純なわけがない」という反論や疑問も呈されました。

傘下の講師勢から一般の読者含めて様々な考察や具体的エピソード、説明の試みなどが飛び交い、２０１６年の初頭はその「２タイプ」の間の、若干感情的なゆきかいも含めて界隈では活発に話が盛り上がっていました。

私はブログやＳＮＳを通して公開されたやり取りを見ているうちに、**自分の「仲間」と思われる人々がたくさんいることに気づきました。**

寄せられていた反応の量は「そういう人もいる」というレベルではありませんでしたし、見ていると、明らかに同じことがわかる「仲間」側と、それが全然ピンときていないらしい「そうではないほう」側がいるのが明らかでした。

そしてその反応と双方のすれ違い方は、確かに性格や理解力といった「個人差」を超えている「何かのパターン」があるように感じられたのです。

そしてその「通じなさ」「わかり合えなさ」のパターンは、非常に馴染みのあるものでもありました。今までいろんなシーンで、直接的にも間接的にも見て抱いてきた違和感が、そこに抽出され凝縮されてリアルタイムに展開されていたのです。

それぞれの特徴とされる行動に必然性を生み、かつ両者の理解の仕方や感じ方をこれほど決定的に分けている「何か」の違い……**個人差のもっと手前に、**

誰もが疑ったことのない「何かの前提」の違いがあるとしたら？

自分の「前提」をどこまで疑えばいいかを遡って遡って遡って想定して、そして……**「あ！」**と気づいたのです。

それは目の前の事象を完璧に説明するものであり、私の抱えてきた大小の問いの全てに答えるものでもありました。

2章

「世界がどう見えているか？」の違い

太郎「(AさんとBさんはこういう関係で、Cさんがこういう風に考えていて、……**なら**私はこうしたほうが良いな。Bさんがああすれば Cさんがこう思う**だろう**から、私はここではこう言っておこう……って、ええっ⁇　花子、今なんでその発言した⁇　ぶち壊しじゃん！　ああ、ほらCさん怒っちゃった)」

花子「え。**なんか怒られた。**何をそんなに怒っているのだろう……」

前者後者論の当初から挙げられていた、「後者」の人の特徴は次のようなイメージです。

抜けが多い／先を読まない／思ったことをそのまま言う（やる）／空気を読まない／嫌味が通じない／信じられないことをしてネタになる／それでいて無自覚／指摘するとむきになる／自分理論がすごい／集中型／ミラクルを起こす／悪意がない

「裸足でかけていくサザエさん」じゃないですが、よくネタになるおかんや友人や子供のエピソードってありますよね。あんな感じです。

前者のイメージは、

そつがない／計算している／陰（裏）で動く／察しがよく空気を読む／嫌味を言う／予定調和的／段取り好き／回す側だが振り回される／悪意がある

のような、対比で語られていました。

ぱっと見「なんとなく天然で集中型」、「フォローに回る計算型」というだけなら、漫画やドラマでもよくあるキャラクター対比や配置で、さしたる目新しさもないと思います。私も最初はそう思いました。

しかし、そのようなわかりやすく特徴的な人だけではなく、人類がそもそもその2つに割れる、と言ったら、大抵の人は「え？」と思うのではありませんか。


ここに挙げた例は、あくまで前者と後者の特徴の「出方」の一例であり、他人との関係で「発生しがちな状況」の話なので、必ずしもそのような前者や後者しかいないわけではありません。

しかし実際にそういう2タイプの「相対的な傾向」は、面白いくらい顕著に存在します。なぜなら、その傾向を生む仕組みの違いが大元にあるからです。

この二者では実は**【ものごとの認識の仕方】【意識のあり方】【ものごとを処理する仕組み**（情報システム）**】が全く違う**のです。

「それほどの大前提が違う」という話と、それに伴って起きるあれこれのすれ違いを、これから一冊通して説明していくのですが、まず「ものごとの認識の仕方」の違いについてから、話をスタートさせていきたいと思います。

「私」と「世界」の関わり方が違う

誰しも、自分の認識の仕方を〝当たり前〟として感じていると思います。ですが実は、この世の半分の人間が自分と全く異なる仕方で世界を見ているとしたら、どうでしょうか。実は世の中は、世界を図1-Aのように全体を多方向的に見ている人と、図1-Bのように自分起点で見ている人で分かれているのです。

矢印で表した図は、それぞれ両者の認識の仕方を上から見たイメージ図です。実際の物理的なものの見え方というより、それも含んだものごとの捉え方を表していると思ってください。**図1―Aの認識の仕方が前者**で、**図1―Bが後者**です。ちなみに**私は後者**です。

前者の認識の仕方は常に「全体がどうなっているか」がまずありきで、その「全体」の中に自分や他人（何か）が駒のように存在している、というイメージです。

カメラが複数あるイメージで、**「私→対象」「対象⇕対象」「対象→私」という関係をナチュラルに同時認識**しています。頭の中に状況全体を仮想したゲーム盤があって、それを目の前の現実と常に並行して外から見ているイメージ、と言ってもよいかもしれません。

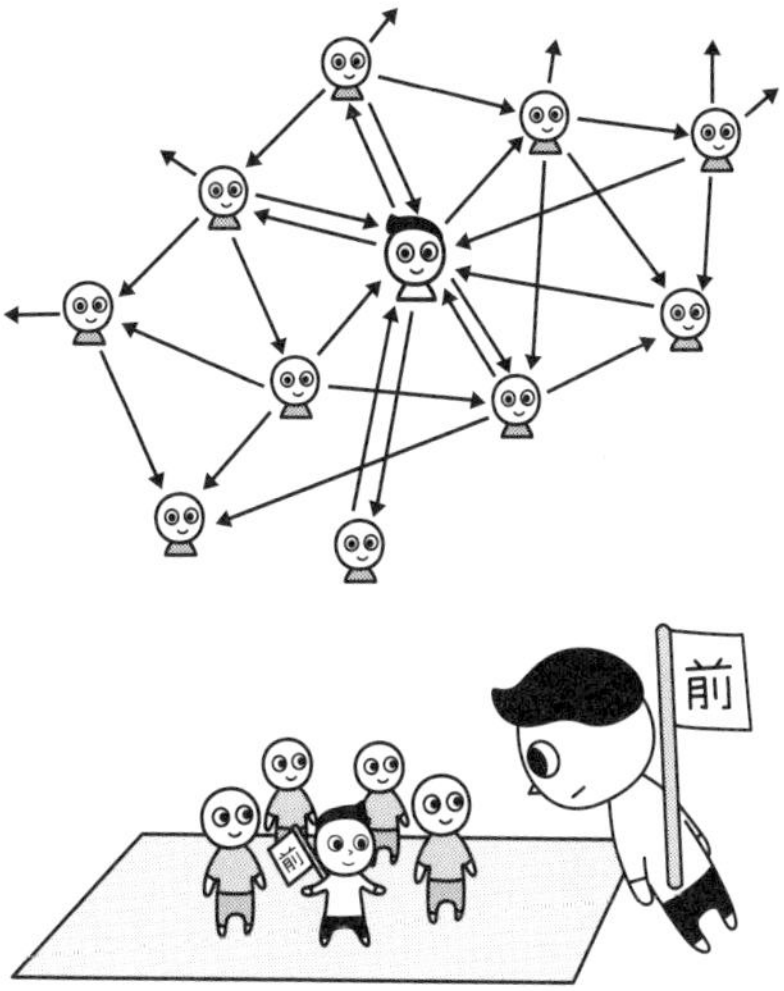

図1-A

図1-B

自分と自分を含む全体の関係や回り方を多方向的に見ているので、自分が（他人が）こう動けばこうなって、それによってこういうことが起き、そうすると○○さんがきっとこう考えるから、こういうことになるだろうな……、と冒頭の太郎君のようなことを、ごく自然に呼吸をするように考えています。

「考える」というよりむしろ「勝手に見える・わかる」というほうが近く、**子供でさえ前者ならこういうことがふつうに見えています**。

一方、後者は違います。後者は**自分自身がまず絶対の起点**です。そんな後者のものごとの認識の仕方は、常に**「自分↓（自分以外の）何か」**で、世界をそのまま素直に認識します。

顔面に大きなサーチライトやカメラがついているイメージで、常に認識は一方向的です。そしてその1アングルで全てを、そのサーチライトが照らしているものだけを認識します。自分は常に観察者ですから、**自分の見ている世界に**

自分は含まれません。そして「自分が見ているもの（感知しているもの）」が世界です。

カメラが1つだけなので、興味のあるものに意識が向くとそれ以外がすぐに死角になります。意識的に意識していない限り「見て（意識して）いないもの」は頭から消えています。また、認識が一方向的なので「関係性」のようなものを考えるのはあまり得意ではありません。ただその代わり、認識したものをまるごと自分の世界に取り込んでいく能力や、対象への集中力は高いです。

衝撃ではありませんか？
それともまだピンとこないでしょうか。

あなたも私も「ワンノブゼム」〜状況の中の駒の1つ

前者の認識の仕方をもう少し説明します。図1-Aのように全体を常にナチュラルに認識している前者は、「自分本体」の意識が（後者と比べると）あまり強くありません。

頭の中のゲーム盤（＝状況全体）を観察する意識が常に並行的にあるので、**自分も他人も置かれた状況＝ゲームの中の要素（駒）の1つ**という感覚が常にあるからです。RPG、ボードゲーム、箱庭、舞台……駒にも駒としての種類（「ポーン」「ビショップ」「勇者」「魔法使い」など）はありますが、**「盤の中の役割の1つ」**であることは同じです。

そんな前者の頭の中では、プレイヤー相関図や、今はどのような盤面かが常に自然に想定されていて、「誰がどう考え、どう行動し、それが他にどういう影響を与えそうか」といった、プレイヤー……各駒のそれぞれの反応や動き方や、それによる次の展開をナチュラルに予測しています。

自分や誰かの動きで状況がどう変化するのかを計算しながら動き、変化に沿ってまた自分が動く、という双方向的な繰り返しを呼吸のように自然にしています。だから、常に2～3手、人によっては5～6手先を読んで動くのが「当たり前」です。

……図1-Aも、ここまでの説明もそうですが、これを読んだ前者さんの何割かは、**あまりにも当たり前のことを説明されて逆にピンとこない**という方が多いかもしれません。

前者後者の説明はリアルで何度もしてきていますが、当たり前過ぎて自覚がなかったり、あるいは「わざわざこうして図にしたり説明したりするからには、何か特別な意味や状態の話で、私には当てはまらない何か高度な話をしているのではないか」などと、逆に深読みして困惑してしまう方もけっこういらっしゃるのです。

なぜならそれくらい前者にとっては**当たり前のこと**なので、「そうじゃない」状態、その**「当たり前の外」が想像の範疇外**だからです。

でも前者のみなさんは、大体次がどうなるか予想して動きますよね？

だから怒られたら、その理由がわかりますよね？

ミスをしたら原因がすぐに自分でわかるし、次から対応するだけですよね？

「ふつう～でしょ」と言われたら、「ああ、はいはい〝この場のふつう〟はそうなんですね」と、頭の中のゲームルールをすぐに補正しますよね？

「なんで～したの？」と聞かれたら、言い方は考えるかもしれませんが、当然存在する自分の狙いや意図を説明するだけですよね。

もちろん同じ前者の中でも「やっているレベルの違い（2～3手なのか5～

6手なのか、見える範囲や密度はどこまでか、スピードはどうか）」はありま す。しかし、前者のみなさんが子供の頃から「呼吸レベルの当たり前」として、なんなら無自覚にやっている「それ」は、**この世の半分の人たち**には**全然「当たり前」ではない**のです。疑ったこともない「その」当たり前のことが、実は世界の半分以上の人間には当てはまっていない、というのがこの世の客観的な事実なのです。

もちろん後者でも、このようなことを後から習得する人は幾らでもいますし、意識すればその能力は育ちます。個人的な能力としてむしろそれにセンスがある、得意な人というのもいるでしょう。

だから「やっているか、やっていないか」でいったら、後者もやっている「時は」、あるいはやっている「人は」やっていますが、それはあくまでエネルギーを割いて行う**「意識的な行為」**です。

意識的だからこそ、やっている後者はそのことに非常に自覚的です。そしてやっていない後者は**本当に全くやっていません**。というよりそもそもその「発想がない」という場合も多くあります。

「情報が勝手に入ってくる」世界

前者は基本的に空間的な視野も広く、人混みのようなところでさえも、物理的に目の届く範囲の状況や変化は、大体なんとなく把握しているという人が多いです（壁があれば壁まで、ガラスならガラスの向こうも）。

でもこれは「認識しようとして認識している」のではなくて、**「勝手に情報が入ってくる」**という感覚が近いのです。言ってみれば**強制Ｗｉ－Ｆｉ状態**。見ようとしなくても見え、わかってしまう。

状況把握には有利にできているものの、もちろん良い情報ばかりが入ってくるわけではありません。また「見える」「知る」ということは、それだけで責任意識が発生し、入ってくる情報量と自分の脳の処理力や気持ちのキャパシティのバランスがとれないと、多大な負荷になります。積極的に情報を楽しみ活かす人もいる一方、情報の遮断が課題になって困っている人も多いようです。

必要に応じての**外部情報の遮断法やフィルタリング**は意識して身につけていくようですが、あくまで個人努力なので、そういった性質に無自覚なために、無防備に情報負荷にさらされて疲弊している前者さんも多いようです。

人混みでぐったりする、という話はよく聞きます（しかも相談しても「誰でもそうだよ」とか「気にしすぎだよ」と理解してもらえないことが多かったり）。知り合いの前者は、イヤホンをかけて帽子を被る、スマホ画面に集中するなどして、とにかく入ってくる情報を物理的に落とす工夫をしているとのことでした。壁や膜のようなイメージを意識する、と言っている人もいました。

そうやって対策を講じる必要があるくらい「勝手に入ってくる」のです。

絶対の「わたし」～言うまでもない世界の中心

一方、後者は常に「私」→「私以外の何か」という一方向的な認識の仕方をしています。**常に自分が起点かつ中心**で、**「わたし」**がいて**「わたしが見ている世界がある」**という、とてもシンプルな世界観なのです。

「世界」の側には、人も物も状況も自然も**「自分以外の全て」**が含まれます。前者の認識の仕方を「ゲーム盤にもう一人の自分がいるようなイメージ」と例えましたが、後者にはその意識はなく、**裸**／**生**の自分があるのみです。

「私」は「私の世界」の常にただ一人の観察者なので、たとえば俯瞰する時も自分自身の視点が上に上る感じになります。そのため前者のようにその中に自分が「駒」として存在することがないのが特徴です。

そんな後者の視界は、同じ「ゲーム」でも臨場型の「バイオハザード」といえます。物理的な視界も「私」が動くから世界が動く、あるいは世界の中に「私」が突っ込んでいく感覚です。自分が歩くことで「ドアが現れた」「廊下が現れた」「エレベーターが現れた」「駅が現れた」などなど……そのくり返しです（必要に応じて俯瞰もしますが）。

そして常に自分が意識する方向に世界があるので、**後方への意識がごそっと抜け落ちやすい**のも特徴です。前者のように勝手に情報が全方位で入ってくるのではなく、「見て」いるものだけを見ているからです（後者に後方のことを聞くと、目や首で振り返るのではなく体ごと振り返る人が多いです）。

また動く時も「自分発」の動機と意思だけでストレートに動いて、つい**一手先も読まずに動いてしまう**こともあります（油断しているとそうなります）。その瞬間は、興味や目的の対象だけが「自分の世界の全て」になってしまっていて、対象と自分以外が意識に入らなくなっているからです。

それがスピードと勢いを担保している部分もあるのですが、いろんな意味で「事故」が起きやすい傾向にあります。実際、物理的にも道端で人とよくぶつかったりします（後者のみなさん、前者には都会に住んでいながら「一度も人とぶつかったことがない」という人もいるのですよ！）。

そしてこの性質を踏まえれば、例えばこんな「あるある」も、具体的に説明がつくのです。

なぜかミスをする

後子　（……この前ミスしたから注意しなきゃ。あれもこれもそれも……よし、大丈夫）「先輩、利益計算できました！」
先輩　「……やり直し。桁が違う。何を見ているんだ！　もっと注意しろ！」
後子　「ええっ？（すごく注意したのに……なんで?? これ以上注意したら終わらないよー泣）」

私も大いにそうだったのですが（そしてよく怒られていたのですが）、「注意したのにミスが減らない」「なぜかびっくりするくらいのミスをする」ということがけっこうありました。
そして自分の感覚的には、正直時々**「何か人智を超えた力でも働いたんじゃゃ**

ないか……？」と疑ってしまうくらいの、不可抗力さを感じていたものです。
なぜそんなことが起こるのでしょうか？

前者と比べて起きやすい原因は、端的には顔面カメラ1つで**死角が多いから**なのですが（図2-A）、後者の中でもこういうことが起きやすい人と全然そうではない人がいます。なぜなら原因はこの「死角」の発生しやすさ自体より、「注意しなきゃ」と意識した時に後者がやってしまいがちなことのほうだからです。

「注意したのになぜかミスが多い」後者が陥りがちなパターンが、焦って「注意しよう」と思えば思うほど、**焦点を（精神的にも物理的にも）絞ってしまう**ことです。ミスの多い後者は100％コレをやっています。

「注意しなきゃ」「注意しなさい」という「努力」を促す言葉は、図2-Bのような集中方向の行動を誘導しがちです**（特に対後者）**。そしてその結果「ミス

図2-A

図2-B

をしないように」、「細かく丁寧に素早くたくさん」やろうとして、自分の顔面サーチライトの光を「より絞って」しまうのです。結果、当たり前ですが死角が増え、狭い焦点でうろうろ照らすことにもなるので、単純に見落としや抜けの可能性が増します。

そして全体を見る視野が欠けて、トータルで何かが明らかにおかしいのにも気づきにくくなります（例のように計算結果の桁が違うとか）。日常生活でも他の人が見ればすぐ見つかるものを、「ないない」と探している後者さんも、同じパターンにあるといえるでしょう。

そして前者にはこの事象は基本的に起きないので、このようなミスをする後者が非常にいい加減な人に映ります（もちろん結果的にはそう思われても仕方ないのですが）。そしてそれを感じた真面目な後者は焦って挽回しようとし、さらに悪循環が生まれがちです。

これに対しては例えば**「視野を広げる習慣」**があるだけで、こういった事象にはかなりの（大体の場合において十分レベルの）補正が利くはずです。**「引く」「広げる」視点の意識**が、後者には大事な習慣なのです。前者のようにずっとそうしていなくても、定期的に手を止めていったん全体を確認する、集中したら一度視野を広げてまた集中する、ひと呼吸おいて状況を見渡してから動く、などでいいのです。

ただ、視野が狭くなるのは危機に対する動物的な防衛反応（筋肉を緊張させて闘争か逃走に構える）でもあるので、心理的には〝勇気を出してそれに逆らう〟必要はあるかもしれません。

これは一例ですが、前者も後者も「あるある」の多くは、実は物理的なレベルで説明がつき、理由さえわかれば対応するのはそんなに難しいことではないものも多いのです。慣れや訓練は必要だとしても、問題は**「気づいていない」**

ことなのです。

どちらも特別な少数派などではない

いかがでしょうか。いろんなことに思い当たりませんか。

双方ともこれが**「何の努力も意識もいらないナチュラル状態」**です。それを踏まえて冒頭に挙げた両者の特徴を見直せば、**「そうなっているなら、確かにそうなるだろう」**と思われるものが、数多く存在していませんか。

もちろんこの基本状態から変化させることはできますが、両者とも常にこの基本状態に向かって引力が発生しているようなものなので、逆らうにはエネルギーが必要です。そもそも「変化のさせ方」自体を学ぶ必要がある場合もあります。

そのため片側にとって呼吸のように自然にやっている「当たり前」のことが、もう片側にとっては意識的な訓練によって身につける必要のあることだったり、継続的なエネルギー消費によって維持される「努力」状態だったりするのです。

「こんな人本当にいるの？」と信じられない方は、身近に（なんなら親子兄弟にも）**どちらのタイプも絶対にいるはず**ですので、ぜひ直接確認してみてください。

そして、そう考える理由は6章で述べますが、**日本は「後者多数派」の文化**だろうと思っています。後者が6・5、ないし7割くらいではないかと想像します。

だから後者のみなさん、みなさんは**決して少数派ではありません**。

その困難はあなただけが感じている特別なものではなく、同志はたくさんいます。少数派のように感じるのは、言語化による共通認識ができていないだけの問題なのです。

前者のみなさん、あなた方は少なくとも数の多数でいうところの「ふつう」ではありません（といっても3割以上はいるでしょうから、2つの「ふつう」の少数派というのが正しい表現でしょうか）。きっと少数派であることでの、報われない、しかも分かち合えない苦労や違和感を覚えてきた経験がたくさんあると思います。

後述しますが、前者と後者の美点と課題になりがちなこと、得意・不得意は見事に対照的です。だから本来はお互いに刺激を受け参考になる面が大いにあるはずです。

それがただ「知らない」ことによって、「信じられない」とか「なんでこんなことがわからないのか」と、2つの世界に亀裂が走っているとしたらなんとももったいない話です。

そんな両者に起きがちなすれ違いやその原因を、これから解き明かしていきたいと思います。

前者の言語感覚とずれが起きやすいポイントなので、後者の認識の仕方を少し補足しますが、後者の場合「自分」と「自分が見ている世界」と言っても、それは主体／客体みたいな完全に切り離された関係になっているという感じでもありません。対象と自分が連続的、水の中みたいにゆるやかにつながりながら、情報を自分の中に取り込んでいるイメージが近い気がします。

前者が全体を広く浅く「観察」しながら「客観的な情報を要点抽出的に読んでいる」のに対し、後者は「全情報をそのまま主観的にキャッチ」するイメージが近いです（そして後者には広くて「薄い」全体モードと、狭くて深い「濃い」集中モードがあります）。前者が**「状況観察**

的」で、後者は**「状態感知的」**な回路を使う傾向がある、といってもいいかもしれません。

3章　人間関係の「なんでこうなるのだろう」

前者にも後者にも、両者の認識の仕方から生まれる人間関係上の**「典型的な落とし穴」**があります。

それによって自己嫌悪に苛まれたり報われない思いを抱いたり、しかも自分でも**「なんでそういうことになるのか」**がわからないため、言葉で上手く説明もできずに「わかってもらえない」と思ってきた人は多いかもしれません。

気づいたところで起きることは変わらないかもしれませんが、でも「なぜなのか」がわかれば、自分自身の受け取り方と、世界の見え方は変わるかもしれません。

「他人視点」という発想が本当にない

後者の全員とは言いませんが、「ご愛嬌」レベルから「笑えない」失敗まで、後者には **「自然体にしていたら怒られた」「よかれと思って行動したのに大外しして非難された」** なんて経験やトラウマは「あるある」ではないでしょうか。しかも何がいけなかったのか聞いてみても、**「まさにそういうところだよ」** なんて言われたりする始末。

予測に対して外すなら「失敗」かもしれませんが、「なぜ」がわからないいま、青天の霹靂で怒られ、迷惑がられる。こんなことが続くのは怖く、当然ダメージを受けます。**「なんで自分はこうなんだろう」** と悲しく思ったり、自分を責め続けてきた人も多いことでしょう。

開き直れたり、わからないまま飲み込んで折り合えるならいいですが（多くの後者はそうしてきているでしょうが）、「自分は人の気持ちがわからないらしい」と自己不信に陥ったり、逆に不必要なレベルで露悪的になったり、「なんでわかってくれないの！」と逆切れを訴え続ける人もいるかもしれません。あるいは、「知らない内に何かしてしまわないように」自分の人生がなくなるほどの労力で、自分を見張り続けているような人もいるかもしれません。

しかし**「なんでそうなるか」の理由は本当に単純なこと**だったのです。

では何が起きていたか、何が原因だったかというと、私を含め後者タイプはズバリ、**「他人の視点（視座）に立つのが苦手」**なのです。いえ、もっといえば苦手という以前に、前者には想像もできないかもしれませんが、そもそもその**「発想がない」**のです。

今そう聞いても、後者はピンとこない人が大多数な気がします。「相手の立場で考えろ」「他者意識を持ちなさい」、言葉としては目新しいわけではありません。いろんな人が主張していますし、言葉の上なら教育もされてきたでしょう。

結果的に、配慮できていることもあると思います。私もそうでした。

だからこれを読んでいる後者の方々も、**自分では「やっている」と思っているかもしれません**。もちろんやっている人もいるのでしょうが、でも大抵の場合はたぶん**やっていない**と思います。私も、「できないなりにやっているつもり」でした。しかし、自分は自分が想像していないレベルでできていなかったし、そもそもやってもいなかったのです。

「他人視点」というのは、文字通り「視点の起点を相手に持っていく」ということです。図1-Bで言えば、**矢印の向きを変える**、出発点を変える、ということなのですが、後者はこれが決定的にできていない人が多く、自分でもそれに気づいていません。なぜ気づかないかというと、次の内容を混同しているからなのです。

①「相手のことを考える」
②「相手の気持ちを想像する」
③「相手の気持ちがわかる」

それは他人視点ではない

例えば、「〇〇さんが元気なさそうだな、なにかしてあげたい」は、相手のことを考えています。

「こうしたら喜ぶかな」は、相手の気持ちを想像しています。

「あ、▽▽さんが悲しんでいるのが伝わってくる。自分も我がことのように胸

相手の気持ち（状態）がわかる

図3

相手のことを考える

が痛い」は、相手の気持ちがわかる、でしょう（図3）。

このようなことなら後者はわりと得意で、特に相手のダイレクトな「気持ち」や「状態」にはむしろ敏感な人が多く（意識が向いていればですが）、表情を読むというより、共感的にキャッチする力があります。これは逆に、前者には希薄なことの多い後者ならではの感性です。

でもこれは全て、**発想の矢印が「自分→相手」**です。それがいけないとか不足だという話ではなく、それは「他人視点」ではないのです。

他人視点は、発想の起点を**「自分から切り離して」**、「相手の立場」「相手の条件」「相手の視界」を想像してみることです。後者はこのような**相手の文脈や「立場上の気持ち」**の想像力がないまま、自分から見えることや自分の気持ちだけで動いてしまう傾向にあります。

そのため、結果的に相手側の背景をないがしろにしてしまい**「外す」**のです。怒られているのは、結果よりもそのことなのです。

さらに、自分の行動が**相手から「どう見えるか」**（「どう思われるか」ではなく）ということを想像する視点がないために、外す結果になる行動を「わざとなんじゃないか」「悪意がある」と誤解もされます。そして自覚がないために、その理由が自分でわからないのです。

もちろんそういう一方向的な「押し」の強さが状況を突破する時もあり、相手のパターンを豪腕をふるって変えられる場合もあるので一概に悪いということでもありません。ただ「理由」はそういうことです。

こう書くと、**要は「客観視」の有無の話**か、と思われるかもしれません。その通りなのですが、これも1つの落とし穴です。なぜならば、後者は**④自己客観視**はしている人が多いからです。知的にものを考える習慣の人ほどそうです。でもこの後者の「自己客観視」とは、図4のようなイメージなのです。

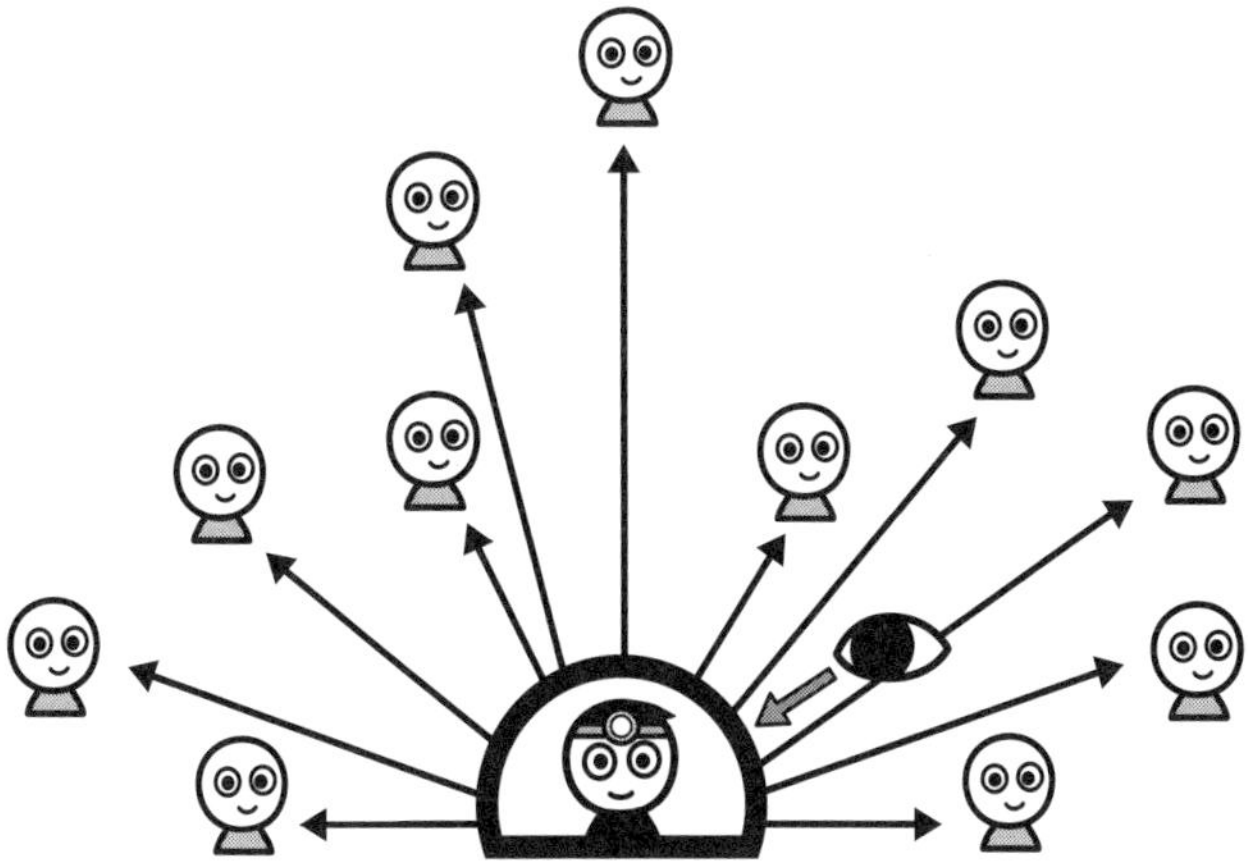

図4

後者の客観視とは、**どこかに適当な「点」を置いて、そこから「自分だけ」を見ているる**のです。その視点の背後に具体的な人物条件や背景はなく、見ている対象も自分だけです。言ってみれば自分で自分を見る鏡やブーメランのようなイメージで、他人視点どころか、**むしろ他人に一切左右されない純粋な自己客観、自己観察**なのです（この「点」＝「目」がなんなのかは、考えてみると不思議です。感覚的には、自分の眼球を一時的に外に出して、自分を見ている感じかもしれません）。

逆に前者さんには、この客観視の発想がなくて驚く人もいるようです。

しかし実際の他人の目には、「自分だけ」が見えているわけではありません。だから「他人視点」として具体的な他人の視点に立てなくても、せめて「客観視」というなら、イメージすべきは図5-Aではなく、図5-Bなのです。

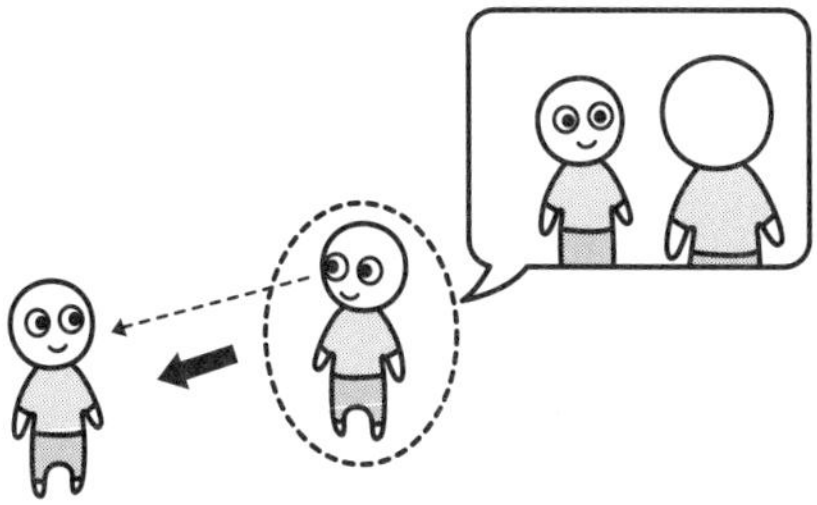

図5-A

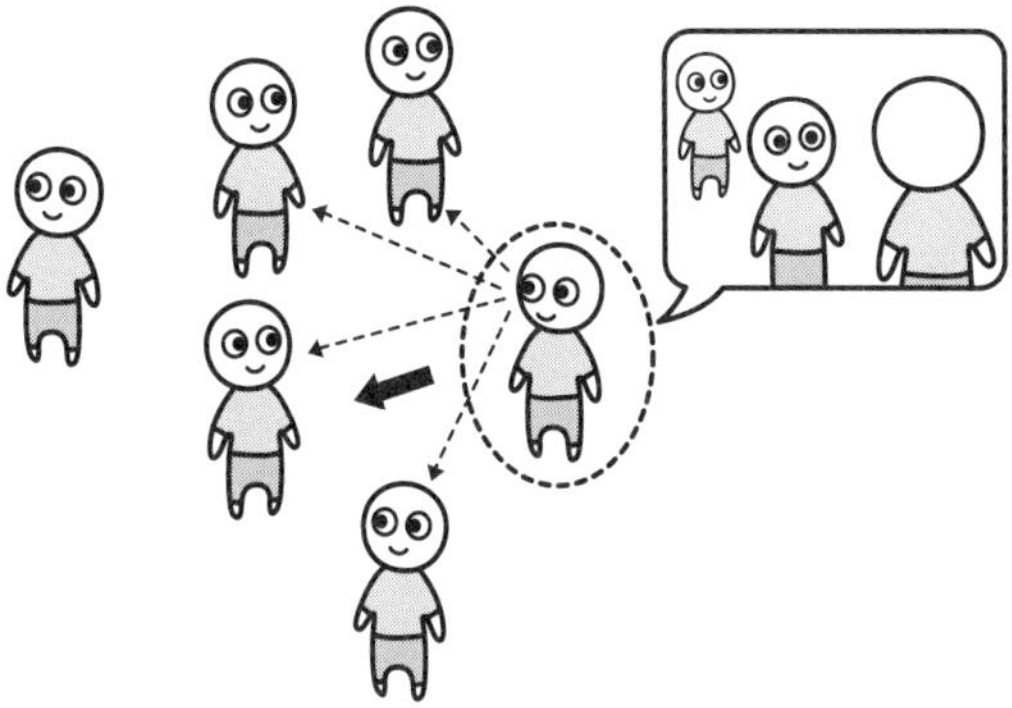

図5-B

後者のみなさま、いかがでしょうか？　他人視点を持っていたでしょうか。

他人視点は、「相手側に立った視点」であると同時に、自分と他人を同時に客観する、**自分を「相手から見た状況のワンノブゼム」として、いったん突き放す視点**ともいえます（他人視点までいきつかなくても、この客観視ができている後者なら、そこまで「外す」ことはまずないだろうと思います）。そして前者は「そういう時もある」ではなく、常にこのような視界の中で生きています。

また、似ていますが⑤**「人目を気にする」**も他人視点ではありません。確かに「自分以外の存在を意識する」という意味での重要な効果はかぶっていますが（だからこそ日本ではそれを教育で叩きこんでいるのだと思いますが）、「人目を気にしている後者」の大半は、**主語があくまで「自分」**だからです（図

客観視

人目（を気にする）

図6

6)。

「気にはしている」のですが、「私が」気にしているだけで、視点を切り替えて「(その目の側に)立って想像」はしていないのです。

「当たり前」のこと?

自分が他人を見ているように、「他人も自分を見ている」なんて、事実としては当たり前のことで、誰も改めて意識もしていないはずです。後者自身だってそうです。

しかし後者は、その事実を「頭ではわかっている」のですが、不思議なことにその事実に対する**リアリティがすっぽり抜け落ちている**のです。頭ではもちろん知っていますが、後者の心理的な世界の中に「その視点」の世界は含まれていません。後者の中にあるのは、あくまで図1-Bのような世界観だからです。

講師業をしている知人にこの話をしたところ、「ああそういうことか……!」とこんなエピソードを話してくれました。

かつて、ある講座の講義中に受講生に目をやったら、明らかに目が合っているはずの受講生(エレガントなマダム)が、こちらを見て堂々と鼻くそをほじっていたそうです。「??」と驚愕して思わず何度も見てしまい、明らかにアイコンタクトが成立しているのが確認できても、一向に動じる様子がない。むしろ「うんうん」と真剣に聞いている……。

さすがにそれは、後者の中でもツワモノのほうですが、つまりそのマダムは「相手から自分が見えていない」と思っているわけではないはずにもかかわらず、その事実にリアリティがない、それくらい「相手から見えている自分」、相手からの矢印というものに感覚がなく、そのような状態の自分に気づいてもいないのです。

前者のみなさまには、長々と「1+1=2」の説明をされている気分だったかもしれません。でもそこまで説明しないとわからないくらい、後者にはそれは当然ではないのです。

そして知ってほしいのは、後者には悪意があるのではなく、**本当に気づいていない**ということです。しかも、それが当たり前の人には当たり前のこと過ぎて誰からもわざわざ教えてはもらえないため、**その発想にさえ辿り着けずにいる**のです。

だから、もしそのことで「困っていて」理由を知りたがっている後者が周りにいるなら、伝えてあげてほしいと思います。

大事なのは何を受け取って何を受け取らないか

後者に欠けているのは、**他人視点**。そして一方で世の中にはそれを当たり前に意識して生きている人たちが数多く存在する。それに気づいた時、私はこれまでの全ての疑問が解けました。

そして私は納得してはっきりと自覚したのですが、後者は図1-Bの通りに自分中心、文字通り**「自己中心的」**なのです。「自己中心的」と言ってしまうと聞こえは悪いのですが、**実際その通りなので仕方ありません。**

そしてもう1つ、図1-Aの前者の図と比べると、明らかに矢印の方向性や本数が少ないのです。認知範囲全体をライトのように認識はできますが、そこに「具体的に」通っている神経が少ない、いろいろな神経が通っていない……つまり我々後者は、基本的にベースが**「無神経」**でもあります。

そのような意味で、**「自己中心的」と「無神経」という非難に関しては、言われたらきっとその通りでしかない**ので「ごめんなさい」です。それしかありません。それを「そうじゃない」と強弁するとこじれてしまうので、その自覚は必要です。

でもそれは利己的（自分の利益しか考えない）、ということとは違います。誰かに対する〝関心〟や〝思いやり〟や〝優しさ〟がないということでは、決してありません。人に喜んでもらいたい、役に立ちたいという素直な思いは強くあり、人の気持ちがわからないわけでも決してない。そのような後者らしさを愛している人もいるでしょう。自分のどんな美点も、何一つ否定する必要はありません。

大事なのは、少なくとも自分の中で、**どの非難を受け取ってどの非難を「そうじゃない」と受け取らないか**です。

それを一緒くたに受け取るから（あるいは全面否定するから）混乱し、不要な自己否定にもなるのです。何を謝り、何に気をつけたらよいかが逆にわからなくなってしまうのです。その区分けの自覚はとても大事なことです。

そして「自分中心的」であること自体は、自覚して開き直るなら、それでこその良さも大いにあります。**「場」を変えられるのは空気を読まない人です。**他人や既存の空気や感情に巻き込まれない、それを変える突破力がある、どうでもいい負の感情を引きずらない、罪悪感を相手に負わせない（気を遣わなくていい）、自分を優先しているので人を恨まない、行動がストレートでわかりやすく信用できる……。

好みはあるでしょうが、どれも人が安心して好んで寄ってくる要素です。また真に自分中心的だからこそ、好きな相手には笑っていてほしいと思ったりもするわけです。なぜならそれは「私が」うれしいからです。

自分は普段、他人の「視点」が持てずにいるのだということを頭の隅に意識し、「あれ？」と思った時、やってしまった時、相手のために本当に何かしてあげたい時に、**ちょっと思い出せるだけで**、ぐっと人間関係がスムーズにいくようになると思います。

そして苦手だとわかっているなら、人に頼って相談してもいいでしょう。あるいは「こういう性質でいろいろ気づけなくて怒らせるかもしれないけれど、上手くやっていきたいからよろしくね。言ってね」と、伝えておくだけで、だいぶ違うのかもしれません。そのような「ちょっとした習慣」を**処世術**として取り入れてみるだけで、ずいぶん後者は生きやすくなるのではないかと思います。

一方の、前者の側はどうでしょうか。前者にはそのような人間関係の「つまずきの原因」に当たるものはないのでしょうか。

全ての言動には意図がある、と思っている人たち

聞こえるところで「喉が渇いた〜」と言っている人がいたら、どう反応しますか？

前者のみなさんはきっと、「水を持ってきてほしい」という消極的なリクエストだろう、と思いますよね。といっても、わざわざ意識的にそう判断しているというほどのものでもなく、ほぼ自動的なもので、敢えて言語化するなら**そういう「パスを回された」**という感じでしょうか。

だから水を持っていってあげたのに、なぜか不思議な顔をされる。それに限らず、パスの意図を汲んで何かしてあげたら**「え？　頼んでないけど」「は？　勝手にやっただけでしょ」**なんて言われてしまう。ショックですよね。

そういった経験を数々してきているであろう前者のみなさんは、**人間の言動には必ずなにかしら「意図がある」**という感覚を持っているかと思います。

なぜなら表に現れたこと、出したことは人が見ているのが大前提、他人に受け取られて解釈されるのが当たり前ですものね。だから言動には責任があり、受け取られ方を予測して注意を払うもの……だと思っていますよね。

「そうじゃない人もいる」ことは知っていても、基本的にはそれが「ふつう」だという感覚でしょう。人間全員が図1-Aのようなものの見方をしていて、お互いにパスを回し合っているという世界観なら、きっとそうだろうと思います。

そんな前者のみなさんにお伝えしなければなりません。

後者は、実はそんなことを考えて生きていません。

わかりやすい極端な人だけではなく、世の半分以上の人（むしろ日本では多数派）は、意図など考えずに生きているのです。もちろん後者だって「考える場合」「場面」もありますが、基本的には後者は単に「そう思ったから言った」「そう感じたから口にした」、それがデフォルトです。

自分の中から湧いてきたものや、何かに対する反応がそのまま口に出ているだけなので、暑い時に「暑い」と言うように、「喉が渇いた」と言ったなら、喉が渇いただけなのです。**水が欲しいなら「水が欲しい」とストレートに言います。**このように言動には「動機はあっても意図はない」のが後者のベースです。

逆に、前者が意図を持たせて何かを言ったところで、よほどあからさまに言わなければ、後者は基本的に気づきません。

自分が意図を持っていませんから、他人にもあると思っていないのです。そもそも意図を計算することは、するのも汲むのも後者にとってはエネルギーを使う消耗行為です。だから、意図の読み合いや政治的駆け引きが必要な場面でもないのに、「わざわざそんなことをしている」人がいると思わないのです。プライベート、身内、家族ならなおさらです。

だから意図など考えずに言われたままを素直にそのまま受け取り、何かあるのは感じたとしても、なぜふつうに直接言わないのか、余計なエネルギーを不必要に使わせようとするのか不思議に思います。

何かの嫌がらせなのだろうか、とすら思うかもしれません。前者の想像以上に、地味にイラッとしている後者も、言葉をそのまま真に受けて傷つく「ピュア」な後者も多いのです。

もちろん文化的な習慣として意図を読むことを教えられ、それが当然の土壌で育てば、後者にもそのような性質が身につくのでしょうが（逆に前者も後天的に読まなくなったという人の話も聞きます）、後者は、基本はシンプルでストレートに考えて動く人が多いでしょう。

また、後者のみなさんには信じられない話だと思いますが、前者は、人間の全ての言動には、基本的に**「意図がある」と思って生きている**のです。

前者の世界ではビリヤードのように、「こう打ったらこういう反応になる」「そこにそう打ったのはこういう狙いがあるからだろう」「だから次はこういうことが想定できて」……のように、狙いを推測し先を読み合うのが、意識にも上らないくらい当たり前の感覚なのです。

言動をパス回しのように考えて先々を読んでいますから、その意図や理由や狙いを聞かれれば、説明できます。**だから人も当然そうだと考えています。**

後者のみなさんは誰かの深読み発言に対して、時々突っ込みたくなることがありませんでしたか。「なんで？」と聞かれても「いや別になんでとかない」

と思ったり、あるいは「そんなつもりで言っていないのに……」と、なぜそんな風に受け取られるのか不思議に思ったり。

実は後者の言動は、けっこうな割合で前者に意図を誤解されている可能性があります。実際聞いていると、前者がやりがちな人間関係悪化パターンは、深読みのし過ぎによる自爆・自縛です。後者と逆で、「発想がない」のではなく、**「存在しない意図を読み過ぎてしまう」**のです。

頭の中の架空のストーリーとキャラクター設定に相手の言動を当てはめ、それに基づいて状況を進行させていくために、何もなかった現実を自分でおかしな方向へ持っていってしまう……ということが往々にして起こりがちです。

後者の「他人視点の発想のなさ」と前者のこの「意図がある前提」は、**完全に相反しています。**

後者の言動は、客観的に見て「誤解されても仕方ない」場合もあります。一方で前者は前者で事実を確認することなく「こういうことだろう」と勝手に前提化して動き、シンプルな状況をややこしくする場合があります。そのために相乗効果で誤解とすれ違いが加速することになります。

「意図を読む」のは前者のほぼ機能的な習性なので、たとえ「そうじゃない」とわかっていても、それを修正するのは手動です。一方で後者が「意図を持たない」のも機能的な話です。もともと誰が悪いわけでもなく、誰が間違っているわけでもありません。

相手の性質を尊重した上で、お互いの負荷を下げ、すれ違いを止めるためには、妙な空気を感じたら、前者も後者も**「実際に口にして伝える」「疑問を口にして確認する」**。それがとても大事になります。

ちなみに、冒頭のように「喉が渇いた」と言われたら、何も意識していない一般的な後者はどのような反応をするでしょうか。

そもそもスルーして気づいていないか、**「へー（喉が渇いているんだ）」**です。事象をそのまま受け取るだけです。その上で、気が利けば水を持っていったり「カフェに入る？」と提案したりするかもしれませんが、それは渡されたパスに応えた、という感覚ではなく、相手の状況に対して、**純粋なサービス精神**を発揮しているのです。

4章

「自分」の前提が実は違う

3章で見たように、前者と後者では、ものの認識の仕方のベースが異なります。でもその違いは、そもそもどこから来ているのでしょうか?

実は前者と後者の違いには、**その先の全体像**があったのです。この章では、両者の根本的なあり方の違い、それがどういう全体像を描いているかを紹介していきます。

「ずっといる」人と、「ずっとはいない」人

前者から見た時に不可解に見える後者の特徴に、**「突然反応がなくなる（薄くなる）」**というものがあります。そこに体はあるのに、そこにいない感じ。コレ、後者同士だとよほど極端でなければなんとも思わないと思うのですが、実は前者のみなさんにとっては、これってけっこうな**不思議現象**なのです。「あれは一体なんなのだろう」と疑問に思い続けてきた前者は少なくないようです。

我々は普段、みんな同じ地上の現実世界を共有して、そこで肉体を持って活動したり会話をしたりしていますよね（哲学的な話やスピリチュアルな話はいったん置いておいてください）。しかし後者は、実はそこから本当に**「いなく**

なっている」ことがあるのです。

後者には図1-Bでいうライトが出ていない、言ってみれば「しーん」としている「OFF」の時間があります。その間どうなっているかというと、**「ホーム」に帰っている**のです。といっても「ホームってなんだ」と前者のみなさんは意味がわかりませんよね。

2章で紹介した図1-Aと図1-Bは、両者の認識の仕方を上から見た図ですが、あの図はあれで終わりではありません。図1-Aと図1-Bにあたる部分の話は、我々が普段肉体を持って交流し、社会活動をしている「地上」＝「社会平面」上の話ですが、実はあれには、**3D回転した全体像**があったのです（図7）。

この図1-Aと図1-Bを「横から見た」姿が、**前者後者の全体像**です。

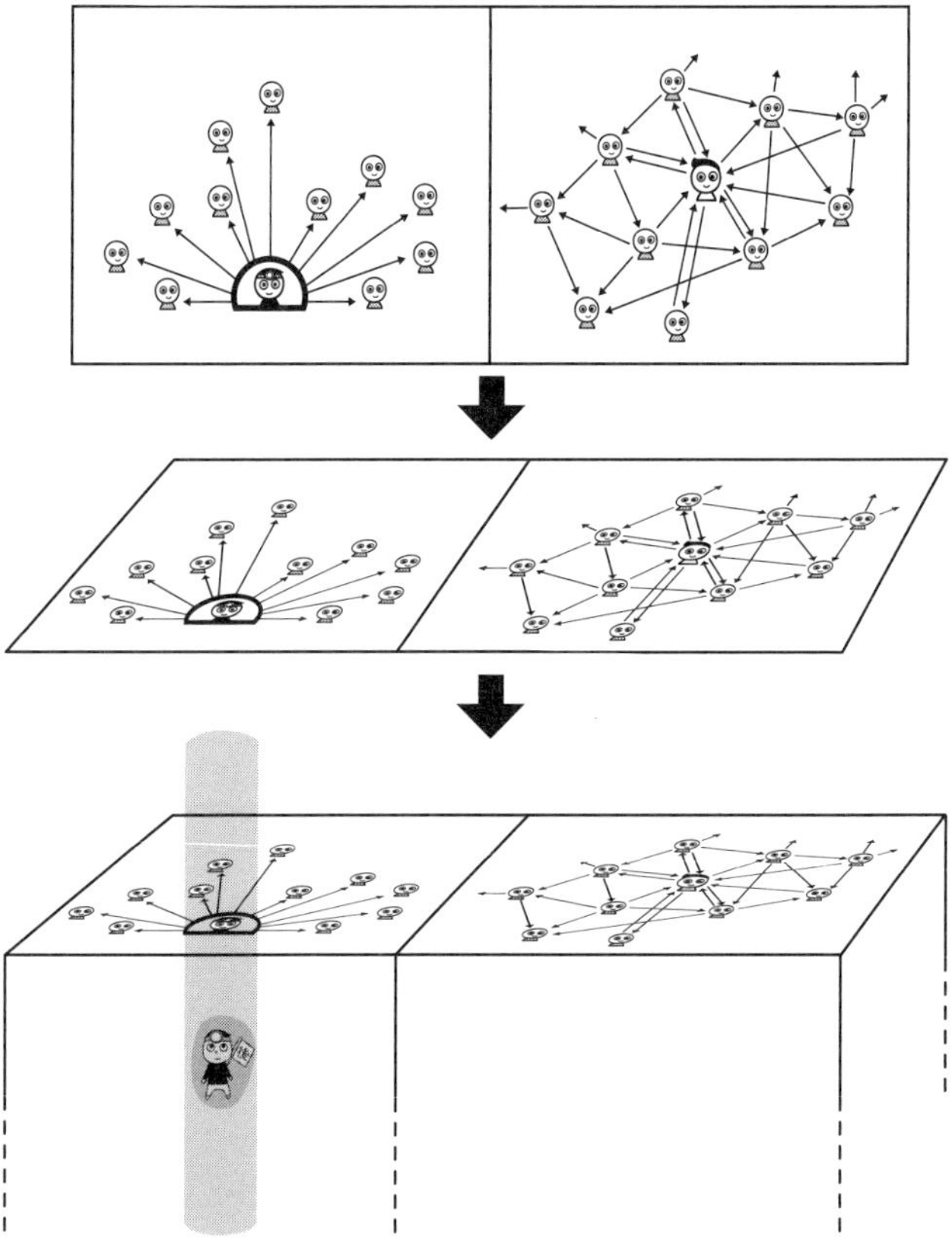

図7

これに気づいたのは、ものごとの認識の仕方の違いに気づいてしばらくたっても、両者のすれ違い方に説明できない違和感を抱くことがあり、どうも前者と後者では**もっと根本的に「自分」の感覚が違うのではないか？**と感じたからです。

そもそも後者にとって**「地上社会」は一時的に出ている場所**で、ホームポジションではありません。後者のホームゾーンは図7の平面下側の領域……敢えてこう図示していますが、要は「地上ではないどこか」、「水中」や「地下」に例えられるような、自分の内側を通した「どこか」にあります。

そこに後者は、各自の**意識の「マイホーム」**のようなものを持っているのです。そこは自分にとっての「絶対の安全地帯」であり、そこに帰っている状態が後者の基本ポジションなのです。その状態にある時のことを「引っ込む」「飛ぶ」「沈む」「潜る」などと表現する人が多いです。

繰り返しますが、これは「特殊な一部の人」の話ではなく、人類半分にとっての「当たり前」の話です。あまりに当たり前過ぎて、2章の「前者の認識の仕方」がピンとこない前者のように、後者もこれを自覚していない人がけっこういます。

逆に、これこそ私は気づいた時に驚愕したのですが、**前者は常に「地上＝社会平面」にいます**。**ずっと「いる」**のです。意識範囲の変化はあっても、勝手に「OFF」になったりはしません。「飛ばない」のです。

だからこそ「常に」図1-Aのように地上を水平的、平面的に把握できるのです。

前者にとってはそれが当たり前以前の「当たり前」で、それ以外の状態になるのは瞑想のような「特殊状態」だとか、病気や薬による「異常状態」だとか、特別なインスピレーションのある「天才の専売特許」くらいの認識でしょう。

しかし後者から見れば前者の「ずっといる」ほうが、それこそ信じられません。後者にとって「ホーム」に戻るのは充電タイムでもあるので、個人差はあるにしても、そのような時間を一切抜きにして活動し続けるというのは、感覚的には**睡眠せずに活動し続けるようなもの**です。**「それで死なないの？」**とすら感じます。

それくらい、前者と後者では1日24時間の意識のベース状態、もっと言えば人生を過ごす意識のあり方が違うのです。

ここではないどこか、がホームの後者

後者は呼吸と同じような感覚で、当たり前のように**「マイホーム」と「地上」をいったりきたりしています。**

同じ後者でも図7でいう「深度」の差や「地上滞在可能時間」、「ONにし続

けるコントロール力」に違いはありますが、いずれにしても後者は「ホーム」から常に**引力を受けているため**、気を抜くと意識がそちらに自動的に戻っていきます。

また、そもそも引力に逆らって「出て」いるだけでエネルギーを消費し、特に多方面に意識を働かせる**高度な社会活動**（例えば図1-Aの基本状態から図1-Bのような活動をする）でもエネルギーを非常に消耗するので、後者は日中もこまめに「ホーム」に帰って休憩しています。

「地上」での用が終われば自分のホームに帰り、必要があれば再びスイッチをONにして地上に「接続復帰」する、この往復活動が後者の営みです。

前者には不思議に見えるようですが、接続が切れている時に呼びかけられたりすると、「復帰」のために一瞬立ち上げのタイムラグがあるのも知っておいていただいてよいかと思います（「なんで後者はきょとんとした顔や不思議な顔をするのか」と時々質問されます）。

そんな後者の生態を例えるなら、ウルトラマン（さすがに活動時間3分ということはありませんが）、あるいは馬力はあるけれどすぐに電池が減るスマートフォンのようなものでしょうか。

自分の内側に、いつでも充電できる充電スタンド（＝マイホーム）があり、**隙あらば地上から離脱してそこに「充電」しにいく**本能があります。

なるべく満タンにしておいて、必要がある時にスタンドから離れて活動します。キャパシティには大いに個人差がありますが、電池が切れるまでは連続活動も可能です。

ただ例えば会社などで消耗しきってしまうと、反動でプライベートではエネルギー切れでＯＦＦにしっぱなし、充電状態から離れられなくなる人も少なくないようです。

そしてマイホームに帰っている間は、「地上」の外部情報と接続がきれているため、**「いつの間にか」「気づいたら」**周囲の状況が変わっている、話や時間が進んでいる、というようなことは後者には珍しくない日常です（この「気づいたら」「いつの間にか」という言葉自体、後者がよく言うセリフの代表です）。

例えば私も、自分自身の「中」での意識は途切れているわけではなくても、自分の「体の外」の情報に対しては「気づいたら」状況が変わっているということはよくあることです。例えば飲み会で「気づいたら」ものが片付けられていたり、カフェや電車で「気づいたら」隣のお姉さんがおじさんになっていたり、作業していて目を上げたら「いつの間にか」暗くなっていることがざらにあります。

「気づいたら食べ終わっていることがある」と言っていた人もいます（※自分

自身の行動なのですが）。呼びかけられても本当に聞こえていないくらい大胆に「いなくなっている」人もいます。音として聞こえてはいても、水中で地上から呼びかけられるみたいに気づかないこともあります。

後者は**「それくらい誰だってそうでしょう」**と思っているかもしれませんが、そうじゃないのです。逆に前者は**ホラー**というか、**「それで困らないの？」**と思うかもしれません。

確かに困ることもありますが、それが生まれてこの方の「ふつう」なのでなんとも思っていません。「あるある（笑）」「わかる〜」程度の**ただの日常の話**です。

2カ国で生きている後者の苦労

後者は、それぞれが自分の内側の世界を独立して持っているので、言ってみれば「自分だけの独立世界」と「みんなの地上世界」の**2カ国で生きているような状態**にあります。

その2つでは言語体系や考え方が違うため、後者は「マイホーム」から「地上」に出る時に、毎回**接続作業**や、**翻訳作業**を行っているのです。その変換システムが境目にあるイメージでしょうか（図8）。

外国語の習得と一緒で、この「接続」や「翻訳」は訓練して慣れる必要があります。しかし、独力で頑張っているために上手くステップが踏めなかったり、個性とはまた別の「癖」が強くついてしまったりする人も多いのです。

後者の困りごとの大半は、この変換ポイント上の**技術的な問題**である気がします。技術問題なら技術的に解決可能なはずなのですが、接続や翻訳が上手くいかないことが心理的な二次災害を起こして、負のスパイラルに入ってしまいがちです。

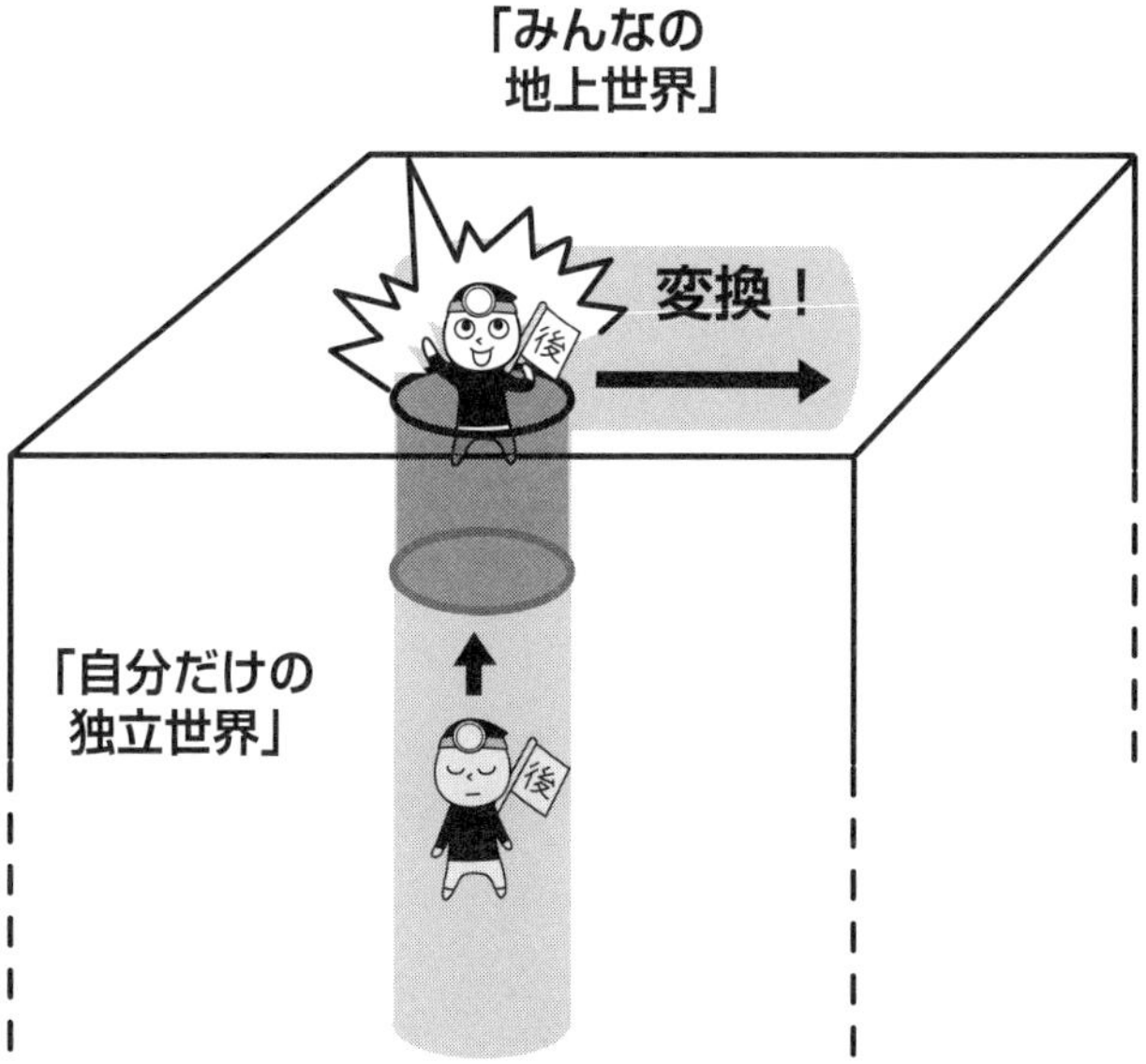

図8

ちなみに焦って接続不具合中の後者（フリーズしていたり、プチパニックになっていたり）には何も入っていきませんので、その時はまず呼吸をさせるとか、**接続の安定**を何より先に確保する必要があります。

後者自身も、体を動かしたり、「今パニクってるからタンマ」と言うことにするなど、接続安定の「対応手順」などを持っておくと復帰しやすいかもしれません。

ちなみに後者同士だと、地上に出ないままバイパスを通してコミュニケーションすることもあります（図9）。たまに、後者同士が一瞬で「わかる！」と意気投合する姿を見ると思うのですが、その状態が発生しているのです。

常に「いる」前者

一方、前者は、何もしなくても引っ込まない・外部情報が飛ばない人達です。

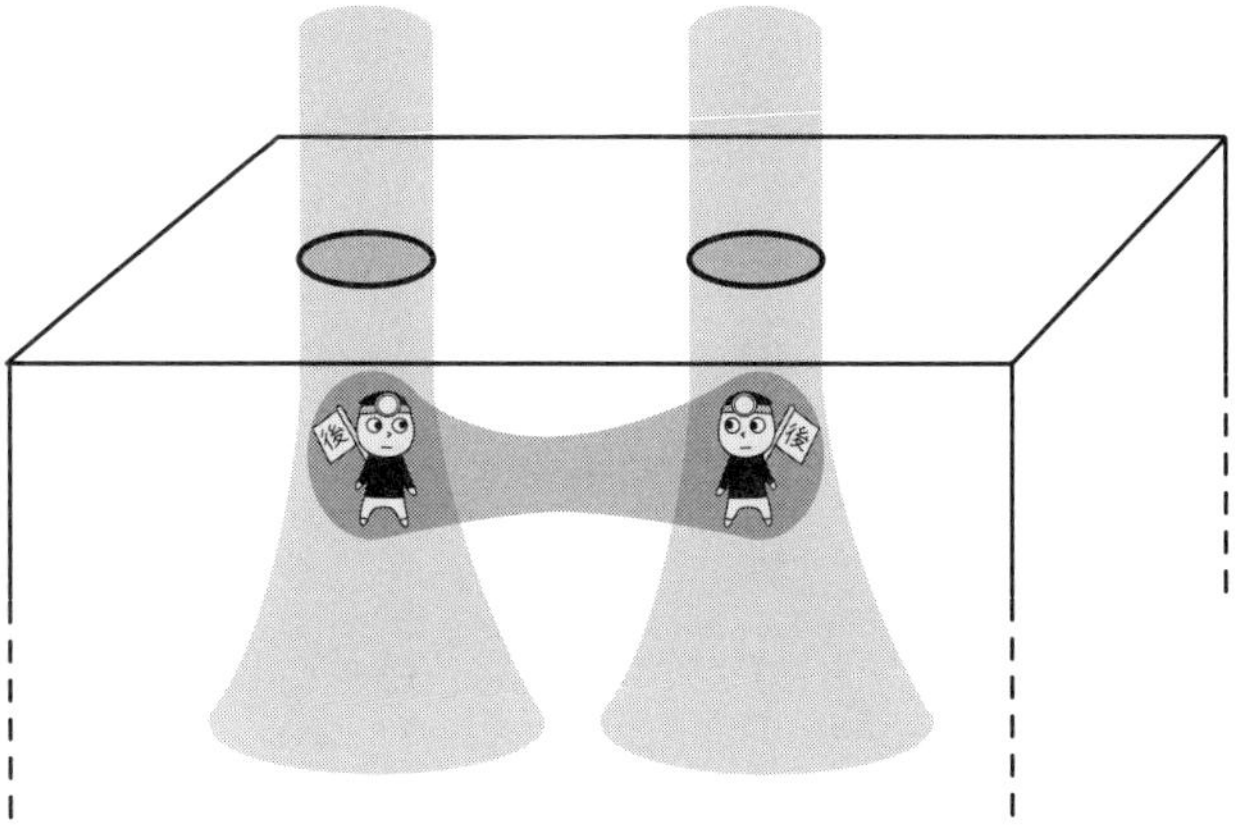

図9

言ってみれば、客観的な**24時間が24時間として存在している**のです。**すごいですね。**

後者は意識して「ON」にしますが、前者は意識しないと「OFF」にできないシステムです（そもそもできない人も中にはいます）。

何もしなければ、後者のようなONとOFFの切り替えがありません。スイッチがないのです。1日単位の話ではなく、人生スパンでそうなのです。

そんな前者の世界観では、**地上の出来事は「ずっとつながって」いるもの**です。「気づいたら」「なんかしらんけど」「いつの間にか」なんて、基本的にありません。何かが起これば、誰かが何かしたのであり、何かがあったのです。前者の中では、原因と結果は常につながっているものです。

前者でも活動的な人とそうでない人、キャパシティのある人とない人、スピーディな人、スローペースな人はいますが、それでも前者は起きている間中、常に周囲に何かしらの意識が巡っていて、継続的に状況を把握し続けています。Wi-Fiのように、勝手に情報が入ってくるからです。

その入ってくる情報の処理のため、思考も絶え間なく活動しています。そして後者が「いない」間も、ルンバのように地上の平和維持活動にいそしみ続けています。

地上で起きている情報が飛ばず、全てが原因と結果でずっとつながり続けている（ように感じる）世界観。その住人が前者です。だからこそ、図1-Aのような水平方向に広くて客観視点的な認知が、継続的にできるのです。

地上にしかいられない前者の苦労

よく後者から、「前者がうらやましい」なんていう声を聞くことがあります。

わからなくはありませんが、「沈めない」というのは、大変だと思います。特に、前者が苦労するのは感情の扱いです。

後者は、水中世界、自分の世界にドボンと飛び込めば、**どうでもいいことは大体忘れてしまいます**。また、他に興味が移った瞬間に、そのまま忘れることもあります。

よく、怒られたすぐ後にケロッとしていたり、1日経ったら何事もなかったかのようになっていたりする人や子供がいませんか。あれです。まさに**「水に流れる」**。

記憶喪失になるわけではありませんが、**感情のリアリティが薄くなる**のです。また、素直にその場で感情を出す人も多いので、その場では感情が盛り上がっても、出せばそれで消えることも多いです。

もちろん大きなトラウマ的なことや、その人の劣等感とか罪悪感の急所に当たるようなことは別ですが、基本的には後者が感情的にしつこく覚えていることは、現在進行形で同じことが繰り返されているか、本人の中で**「まだ終わっていない」**ことです。

しかし、前者にはそれができません。前者は後者のように沈めませんから**「水に流す」場所がない**のです。でも感情に振り回されていては、問答無用で襲ってくる（入ってくる）情報や状況に対して対応できなくなります。

そこで前者は、自分の中に**「壺（箱）」**のようなものを作って、そこに解消できない負の感情を放り込み続け、外に出ないように封印しているようです（図10）。女性に強い傾向かもしれません。

そうやって抱えたまま封印した感情が、何かのきっかけで（主に後者が地雷を踏んで）開くと、その感情に紐づいた過去のストーリーがあれもこれもそれも……とリアルタイムのように一気に再現されるそうです。こうなるともう爆

前者の怒りのツボ

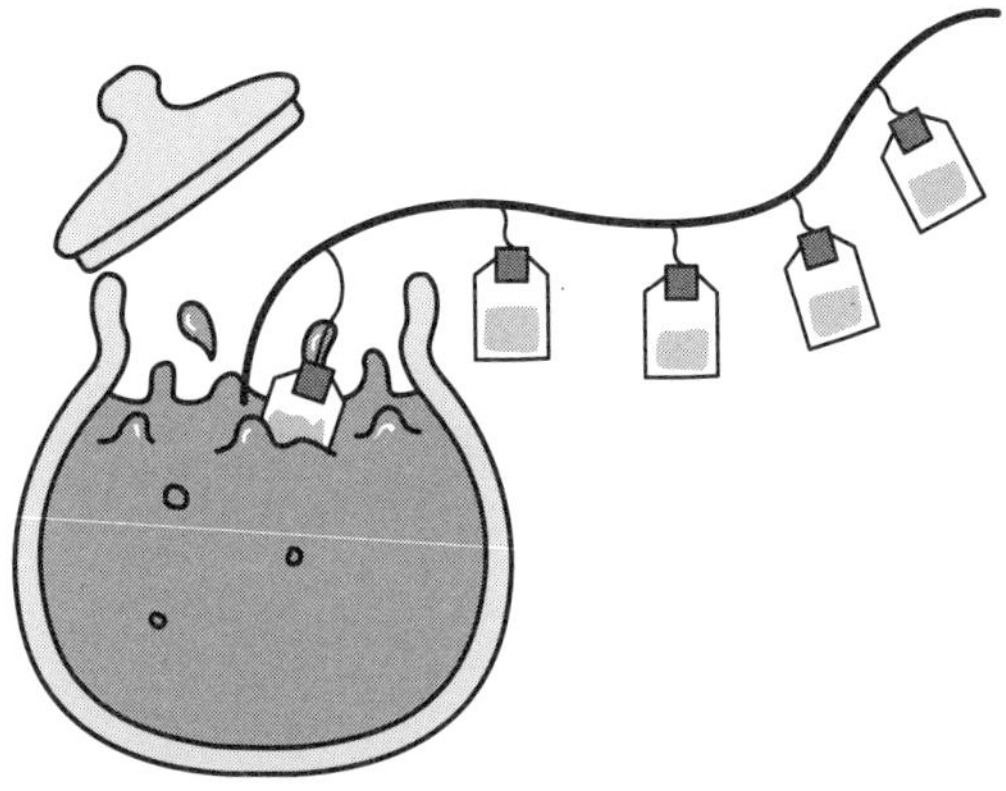

図10

発して自分でも止まらなくなります。

もちろん後者も感情を出さずに溜め続ければ、このようなことはあるのでしょうが、後者の場合は出せばスッキリすることが多いのに対して、前者は（出し方にもよりますが）逆に**深い罪悪感に囚われて、また負の感情を背負い込みかねない**のも特徴です。

そのような時に、それをぶつけた相手に怯えられたり怖がられたりすると、前者はさらに傷を深くします。負の感情をぶつけられたことを忘れて平気で話しかけてくる後者にイラッとしつつも、実は本当に救われる思いになることも多いようです。

「自分」が違う

前者も眠れば意識が沈みますし、体力的に不調（病気・飲酒による二日酔い・眠気・極度の疲労……）な時は、ぼーっとして周りの情報が飛ぶこともあるとは思います。そのような意味では、地上と後者の世界は別々のものではなく地続きです。しかし前者と後者では、**そこに展開している「自分のかたち」が異なっている**といえます。

後者にとっての**「自分」は、当然に絶対的に無条件に「ある」もの**です。当たり前過ぎてわざわざ意識もせず、自覚もしません。だから相手にも「同じ感覚」があると思っていますが、前者は違うのです。

前者には、後者のような無条件に絶対的な「自分」の感覚はありません。地上で周りの情報と常につながって、強制的に水平に散った意識を持っている前者にとっての「自分」は、**地上の関係性の中にあるもの**です。自分も他人もみんなの中の一人、**「みんなの中の私」**です（図11）。

だから前者は、基本「全体の最大多数の最大幸福」をベースに考えています。「自分」が軽いのでフットワークは軽く、場の空気に合わせるのが得意です。〝「みんな」の和〟や〝場の流れ〟を自動的に優先する傾向があり、そのため「自分」を後回しにしがちでもあります。

そんな両者の「自分」は、後者は**マイホームに「グー」**（そして必要に応じて地上にパーで広げる）、前者は**地上に「パー」**（そして必要に応じてチョキで範囲を区切る）がベース状態なのです。

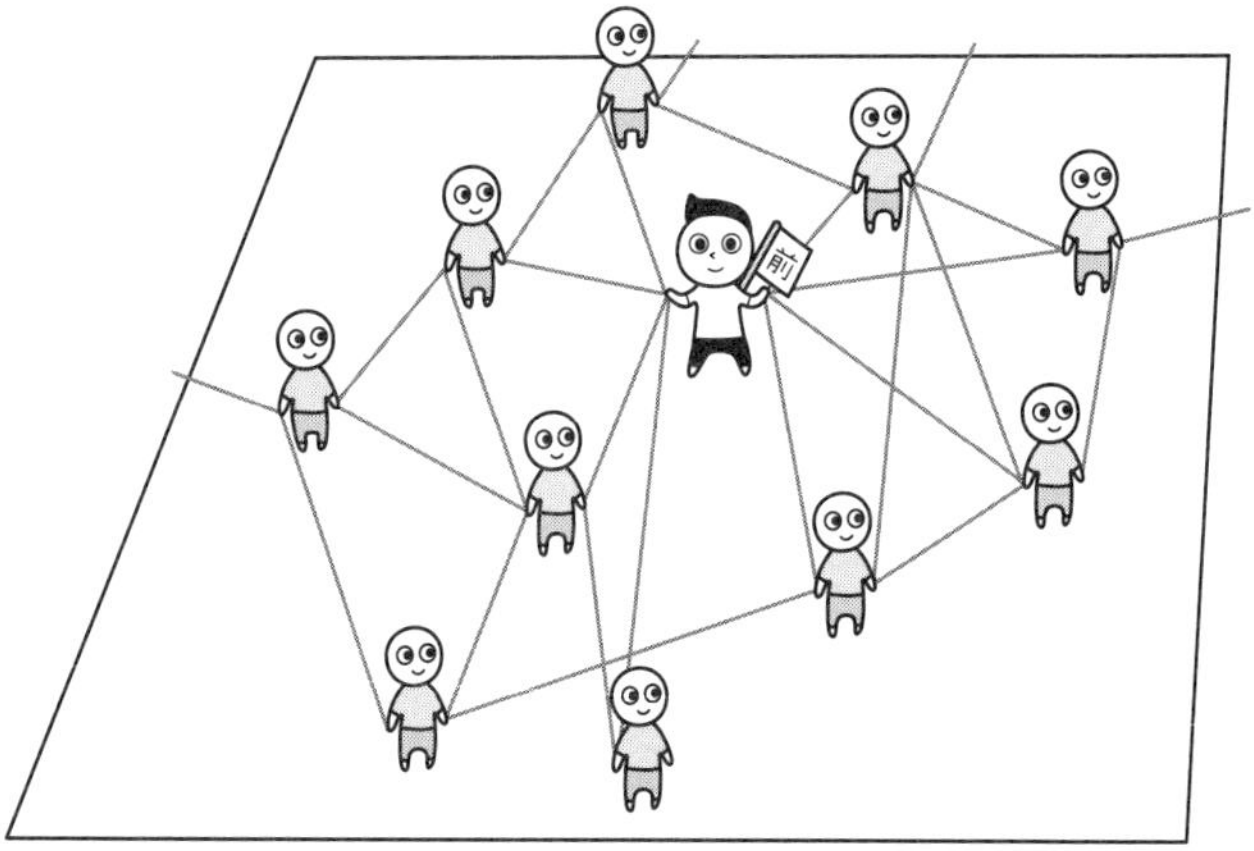

図11

だから後者が、同じ強さの絶対の「自分」を期待してぶつかってきたり、深さを求めて「下」に引きずり込んだりしてくるのは、前者にとってはかなり「きつい」ことなのです（それで鍛えられるということもありますが）。

逆に後者が前者から、24時間同じように地上でオンラインにし続けることを求められるのも、「きつい」というか不可能なことです。

一方で前者は、場の中の駒としての自分と他人の「境界」は、後者よりむしろはっきりしていたりします。そして**自分という「駒」を他の駒と差別化できるかどうか**、駒としての個性や価値を確立できるかどうかにアイデンティティの問題がかかっています。

後者にとっては、個性なんて放っておけば勝手に出るものですが（むしろその個性を地上に馴染ませるために頑張っているくらいですが）、前者から見るとそんな後者の「自分」、「個性」はうらやましいものだったりするのです。

お互いにないものねだり、というよりは**出発点と努力の方向が異なる**といえます。

＊　＊　＊

いかがでしょうか。「住んでいる世界が違う」という感覚が伝わりましたか。まさに「異文化」、「異世界」で、そこにはお互いに知らなかった生態や文化、価値観の体系があります。まずは「知る」ことから始まるその交流は、始まったばかりといえます。

「実は自分は世界の半分しか知らなかった」なんて、気づいたらワクワクしませんか（人によっては絶望するらしいですが）？

しかも、サンプルも、それを聞ける相手も目の前にたくさんいるのです。一度見えてくると、いろんなことが「そういうことか」とくっきり見えてきます。

ぜひ**身近な方と実際に話して**、確かめてみていただきたいと思います。

コラム
1

前者後者の芸能人

著者の知識に偏りがありますが、見ているだけでも前者後者が想像できるタレントさんを挙げてみます（違っていたらすみません）。

■ 前者の芸能人

明石家さんまさん、ダウンタウン松本人志さん、ロンドンブーツ1号2号田村淳さん、オードリー若林正恭さん、くりぃむしちゅーのお二人、アンジャッシュ渡部建さん、ハライチ澤部佑さん、バカリズムさん、ミュージシャンでは福山雅治さん、ゲスの極み乙女。川谷絵音さん、木村カエラさん。秋元康さんもきっとそうでしょうね。

ＭＣやプロデューサー的なことをされている方には、前者が多いかもしれません。全体を見通して場を回していく。その場に合わせた振る舞いが器用にでき、相手の良さを引き出して流れに乗せるのが得意な方が多いかと思います。スマートで多才。安定感があり、そつがなく洗練されている印象の方が多いです。

■後者の芸能人

出川哲朗さん、松本明子さん、キャイ〜ンウド鈴木さんのような、計算のない、ある意味「空気の読めない」、素で勝負できる天然天才型タレントから、堀江貴文さん、キングコング西野亮廣さん、オリエンタルラジオ中田敦彦さん、林修先生のような、頭の良さを生かし、強みを研磨した戦略型の革命児タイプ、劇団ひとりさんのような、アートな才能全開のポジション型タレントさん、俳優では竹中直人さんや大竹しのぶさんのような、怪演型の役者さん……様々な方がいらっしゃいますね。

キャラが強く、体当たりで勝負し、自分の強みを知りぬき、磨いてきた印象があります。いじられキャラでもMCでも脇役でも主役でも、その人がいるだけで場の空気が変わる影響力があり、予定調和を崩す力がある。

ミュージシャンでは、故・尾崎豊氏や、中島みゆきさん、松任谷由実さん、鬼束ちひろさんなどを代表として、ピンでパワーと世界観のある方が特徴的かと思います。

スポーツでは、フィギュアスケートだと、羽生結弦くんは前者、宇野昌磨くんは後者の典型に見えます。

II

ものを考える仕組みの違い

人間はたった2つ!
通称 前者 後者 論

「自己チュー」で怒られる人
「気にしい」で疲れちゃう人

Ⅰ部では「ものごとの認識の仕方」「意識のあり方」の違いを紹介しましたが、このⅡ部ではその「裏」、Ⅰ部の内容に対応して頭の中で起きている「ものごとを処理する仕組み」、**情報や記憶の処理システムの違い**を解説します（図12）。

非常に面白く、役に立つ話なのですが、Ⅰ部に比べると少し概念的な話になるので、苦手な方はまるまる飛ばしてⅢ部に進んでいただいても問題ありません。

図12

5章

「システムの設計」が根本的に違う

認識の仕方や意識のあり方が違うなら、それに対応して脳の情報処理の仕方も違う仕組みになっていて当然でしょう。結論から言うと、ウインドウズとマッキントッシュが初めから違うように、**前者と後者のシステムは設計思想からして大きく異なります。**

それに気づかずOS（オペレーティングシステム）違いのアプリを押し付けたり、OSに対応させるちょっとしたカスタムもせずに使っていたり、特性に全く合っていないことをやろうとして上手くいかなかったり……。それによって発生する不具合は、PC本体やOS自体の問題や優劣とは別の話です。

そして、それぞれのシステムが持っている〝強み〟と〝弱点になりがちなこと〟は真反対です。もちろんその基礎システムの上に、個々人の特性や才能が絡んでくるので、それだけが全てではありませんが、**両者がどれだけ違うか**を、まずは知ってもらいたいと思います。

またこの章の内容を通して、どんなノウハウがどうして向いているのか、向いていないのか、どこに引っかかりがちで、だからどんな情報やものの見方が必要か、ということを考える大きなヒントを提供できると思います。優れたノウハウは世に大量に出回っていて、優れた指導者もいますから、そのマッチングのサポートになれれば幸いです。

「自分を知る」ことで、自分の持っている能力を上手く扱う筋道がつきやすくなるでしょうし、「他人との違いを知る」ことで、社会の中での自分の「活かし方」を考える参考になることでしょう。

分散型システムとメインシステム集中方式

前者後者のそれぞれの特徴を、コンピューターのシステム形式になぞらえて比較するなら、最大の特徴は、前者は**「分散システム方式」**、後者は**「メインシステム集中方式」**を採用しているといえるでしょう。

もう少しかみ砕くと、前者は「システムが枝分かれしていて、それぞれに独立した違うプログラムを搭載し、同時に扱える」、後者は「パワーのある巨大な1つのシステムと、そこに搭載されるマスタープログラムで全てを扱っている」のです。

器用でマルチ、あれとこれを同時に考えられる前者

次々とやってくる複数の内容を、混乱することなく整理して指示・処理したり、「後ろに目がついているんじゃないか」というくらいなんでも見えていたり、目の前のことをこなしていても人の話を必要十分に聞いていたり、ごくふつうにしていてそんなに必死感もないのに「いつの間に?」というくらい複数のいろんなことをこなしていたり……。そんな「あの人」は高確率で前者だと思います。

といっても、そう説明すると「そんなことありません」「そんなスーパーじゃありませんよー(汗)」という前者の反応が聞こえてきそうですが、後者から見ると、そんな「スーパー」でない前者でも、大なり小なりのレベルで前述したようなことをやっています。

なぜなら前者の脳内はマルチタスク、つまり複数の情報を同時並行的に把握・処理できる構成になっているからです。

それはいわゆる勉学における「頭の良さ」とはまた違う次元の、機能的な能力の話なのです。

そんな前者の頭の中のイメージを、ある前者さんの記事から引用してみます。

＊＊＊

…こんな感じ（図13）で前者の頭の中にはパソコンの画面がいくつもあるの。

で、その画面の中にもフォルダーやウインドウがたくさん開いている。

そして、一番大事なのが【上部の大きな「マルチ画面」】

これが、周囲の状況を常に映し出している「防犯カメラ」のようなもので、

図13

事件が起きていなくても常に状況は映し出される。なので、誰がどこで何をしているとか雑音や騒音は当たり前のように入って来る。

そして、どこかで事件が起きたら、スイッチャーを切り替えて手元の画面にズームアップする感じ。そこで、個別に対処や解決方法を考えるのだ。

左前の真っ黒な画面はフリーズして固まって電源が落ちているのだが、他の画面は動いているので特に問題は無い。分からないことがあったり、知らないことがあったりしても、考えられなくなって1つの画面がふっ飛んでも、「他のどこかが動いている感じ」とはこんなこと。

後者の方から見れば、とても機能的に思えるだろうが、「瞑想」や「セミナーのワーク」などで集中出来ないのは、このマルチ大画面があるからで、目を閉じても、意識を集中しても、なかなか「1つのこと」に「特化出来ない」のである。「1つにしたい」気持ちはあるけど「出来ない」のだ。

（心屋塾認定講師カエル姉さん「マルチな『前者』が集中出来ないワケ。」https://ameblo.jp/pakupaku-kazupi/entry-12149966426.html）

＊　＊　＊

この彼女はかなり処理力の高いほうだと思われるので、もう少し画面数が少ないイメージの人のほうが多いでしょう。フレームは一画面で、TVの多次元中継や、ゲームの多方向アングルのようなイメージで例える人もいます。ただ、個人差による程度や質はさておき、構成自体は大体一緒です。

システムがそれぞれ独立に働いているので、フットワークが軽く、小回りが利き、新しい考えや方法を取り入れるのにも柔軟性があります（※心理的抵抗の有無は機能的ハードルとは別もの）。どこかのシステムにエラーがあっても、他でバックアップが利きますから安定しています。

もちろん「総キャパシティ」はありますから、あくまでその中での分散で、どこかで複雑なことを考える時には、他に向けるキャパシティは当然落ちます。

そういう意味では、もちろん前者も対応する情報数は少ないほうが、つまりベストは1つに集中したほうが、「その対象」へのエネルギー投下量や処理効率は上がります。

ただどちらにしろ、画面自体は勝手に起動し続けてしまうので、全てのバラバラなシステムを統一的に扱うのは難しく、だから何か1つに集中するのには工夫やパワーがいります。引用記事にもあるように、瞑想なども苦手な人が多いです。

そんな前者が、目の前のことや自分自身に完全に集中するためには、物理的な環境を整える必要があります。誰もいない場所で一人になる、遮蔽物で仕切る、慣れ親しんだもので周囲を統一して意識に引っかかるものをなくす、などの工夫がいろいろあるようです。

目の前のことに全力投球、一度に1つがデフォルトの後者

対して後者は、**「自分」という巨大なメインシステム1つ**でできており、全てをそのメインシステムのマスター原理でダイレクトに扱っています。操作画面も、例えるなら**単画面。**現実の何かだろうと、頭の中の考え事だろうと、とにかく「今関心を向けていること」〝だけ〟がそこには映し出されています（図14）。

例えば、TVを見ている時に「話しかけないでくれ」という子供やだんなさん。「一度に1つしか聞けないから、順番にお願い」と笑う上司、生返事だったことは大体忘れているお母さん。脇目も振らず、一心不乱に何かができる友人。それは彼らの脳内が、単システム・単画面の**シングルタスク的にできているから**です。

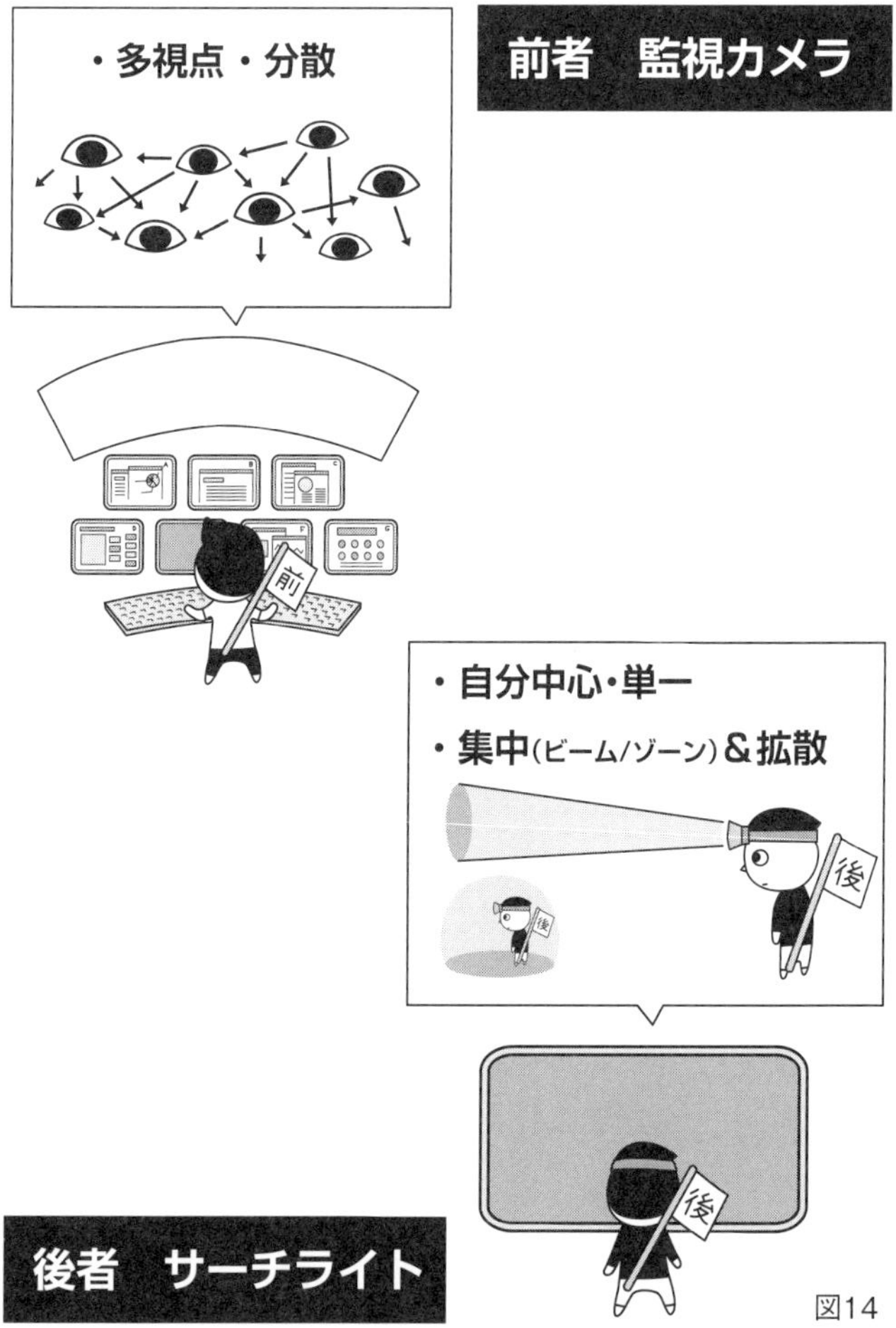
前者　監視カメラ
・多視点・分散
前
・自分中心・単一
・集中(ビーム/ゾーン)＆拡散
後
後
後
後者　サーチライト
図14

例えば日常生活では、TVを見ている時に話しかけられるのを嫌がる後者は多いと思います。それは、話しかけられた内容に意識を割くと、TV側の内容がわからなくなるからです。あるいはシステムがセパレートしていないために、単画面の中に複数の情報が混ざり込んで混乱するからです（同じ「単画面」でも、本当に「一度に1つ」型の人と、「ほうっておくと同じ画面に全部入ってきてカオス化」型の人とに分かれるようです）。

後者でも、待機ウインドウやワイプのような、参照画面やサブ画面的なものが使えたりする人はいますが、独立同時進行的な処理イメージではありません。また、高速で画面をすばやく切り替え続けることもできますが、それだけでエネルギーを消耗します。

「1つひとつしっかり丁寧に」は、ベースは後者向けの格言でしょう（前者にも意味はありますが）。キャパシティや神経の伝達速度によほど恵まれていれば別ですが、後者は変に小手先で器用に立ち回ろうとすると空回りしやすく、結局トータルの質を落とす人のほうが多いはずです。

一方で、後者のこの単画面は、ハンド操作もできれば、画面に手を突っ込んで直接内容を扱うこともできる万能式です。

だから自分の中でつながりのある**「同テーマ」と認識**すれば、あるいは**習慣化して「1パターン」として認識**すれば、人から見て別々の内容に見えることや、どんなに複雑に見えることも、同時に自在に扱うことができます。

マルチに動いているように「見える」後者は、実はマルチに動いているわけではなく**「1つのもの」**として扱って動いているのです。

後者の強みは言うまでもなく、**メインシステムの全容量を1つに賭けることができる**ことです。そして原理的にはどんな操作も可能。

そのため瞬発的な突破力や、長期的に何かを極めることに関しては、有利な特性を持っています。ただし、なんにでもいえることですが、ポテンシャルの高さと自由度の分、それを扱うのに必要な技術を無視すると振り回されるだけになりがちです。

また後者は、一気に容量を使ったり、対処できないタスクに出会うと、オーバーヒートして、突然シャットダウンしやすい傾向にあります。単一システムのため、**システム障害＝全面ストップ**です。反応が止まって「フリーズ」して固まってしまっている後者は、まさにこの状態です。

また、新しいパターンや概念を取り入れる時に、**システム（プログラム）変更負荷が高い**のも特徴です。ここでつまずいて次に進めずにいるケースが、後者にはよくあります。一度入ってしまえば逆に全方位に万能な対応が可能なのですが、機能的に融通が利きづらいのです。

逆に後者は、なんにでも「メインシステムに着手しなくては」と反応する必要はなく、深く考えすぎなくてもよいのです。

例えばちょっとした「ものの言い方」とか、振る舞い方、表現の型式など、もっと単純で表面的な対応で、楽に、そして劇的な効果で対処できることはたくさんあります。それを知ることで、多くの後者がもう少し生きるのが楽になると思われます（真似することと、やってみて慣れる訓練はマストですが）。

前者から見て不思議に思う後者の言動は、後者が良くも悪くも基本が**「メインシステム1つで動いている」**ことを理解すると、わかりやすいものがたくさんあります。

「一般化」ベースか「個別具体」ベースか

まず、大枠のシステムの違いを解説しました。次はもっと「中身」の話に入っていきます。

自分が「どうやって考えているか」「どんな風に情報を認識しているか」ということを、普段はなかなか意識しないと思いますが、これも前者と後者では文字通り**「頭の中身が違う」**のです。

「ほんとに⁉︎」と疑う方は、しつこいくらい何度も言いますが、ぜひ実際に、身近な人に直接確認してみてください。

これを知ると、

「あれもこれも同じでしょ」／「あれはいいけれどこれは違う」

「ふつうこうでしょ」／「は？　あなたのふつうなだけでしょ」

なんてやり取りの謎や、自分が感じていた抵抗感や苦手なことの謎がわかりますよ。

「概念」か「そのもの」か

今、目の前のテーブルに「りんご」が置いてあったとします（図15）。

それは「この世にただ1つしかない具体的なあるりんご」ですが、この **「あるりんご」** を認識した時、前者と後者の頭の中はどのような動きになるでしょうか。

前者はこの「あるりんご」を、すぐに頭の中にある「リンゴ」という概念に一般化します。

後者は眼の前の「あるりんご」に、「リンゴ」というラベル（タグ）をつけます。

目の前の何かを、**前者は「概念」で、後者は「そのもの」で認識**するのです。

図15

そのため前者にとっては、どの「りんご」も「リンゴ」という同じ概念でしかないのですが、後者にとって「あのりんご」と「そのりんご」は（同じリンゴでも）完全に別のもの、という基本的な感覚の違いが起こります。

この**「一緒じゃん」VS「違うでしょ」**というのは、前者と後者の典型的な言い合いでもあります。……といっても、まだイメージが湧きませんよね。それぞれもう少し説明します。

前者の頭の中の、全自動カテゴライズ機能

「袋」「引き出し」「フォルダ」「表」「辞書」「ウィキペディア」「マインドマップ」……どんなイメージで例えるかは人によって違いがありますが、前者の頭の中には、概念の**「仕訳項目」「分類表」のようなもの**が存在しています。

説明しやすいのでフォルダで例えますが、前者が「あるりんご」を認識すると、その情報が「食べ物」→「果物」→「リンゴ」のように、フォルダの階層を追って振り分けられるのです。個別情報は、概念ありきで認識されます（図16）。

頭の中に概念の枠組みが全面的に用意されていて、そこに個別情報が仕分けられていくのです。これは前者の脳内で**「勝手にそうなっている」**ものなので、どのような基準によってそのような分け方で整理しているのか（原理的には他の分け方も可能なのに）、どうしてその情報を「そこ」に「そう」仕分けると判断したのか質問されても、実は前者自身にも説明ができません。

でも**なぜか「そう」なっていて、なぜか「わかる」**のです。

しかも前者同士では、この仕分け方はおおよそ共通しているらしく、多少の微修正で話がすぐに通じます（推測される理由は8章参照）。

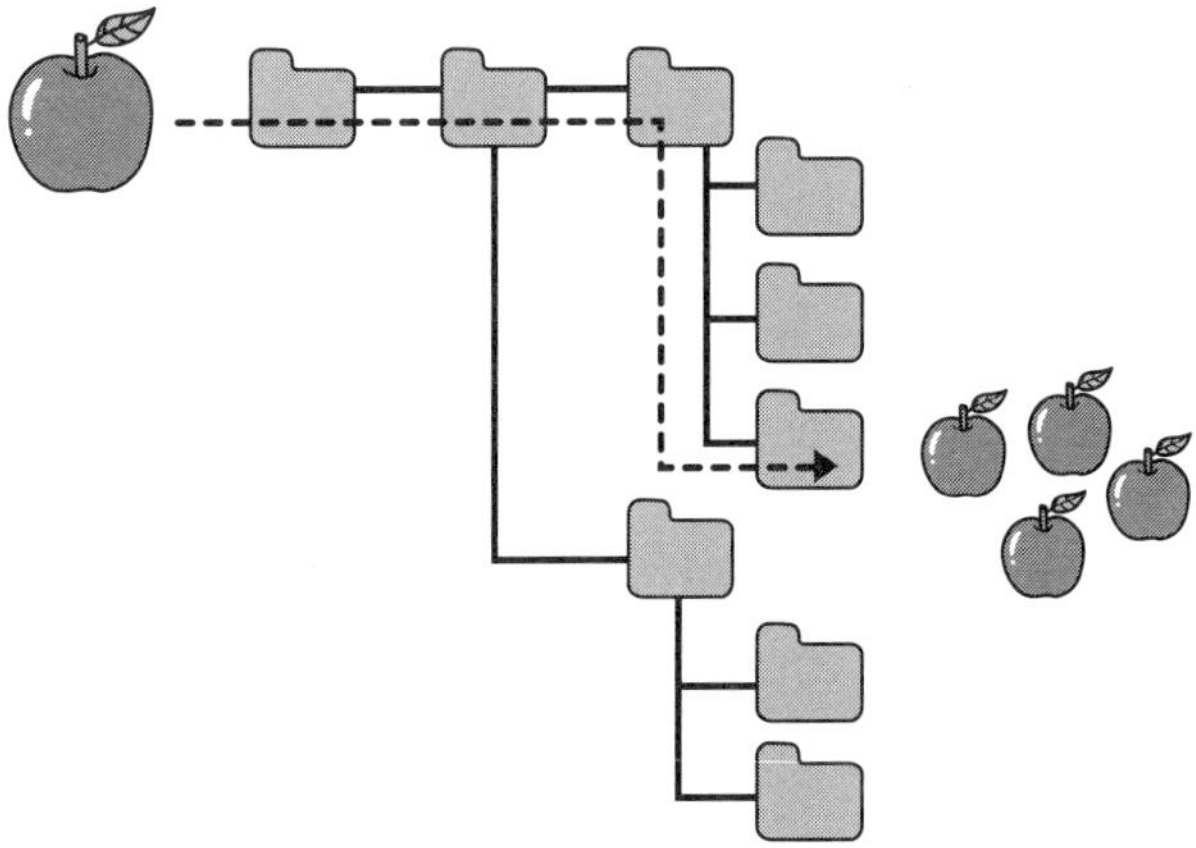

図16

ちなみに、該当する概念がない先例のないものや「仕分けを保留するもの」は、**「わからないものフォルダ」**、受信トレイのような一時フォルダに放り込まれます。それは、前者には一時的なイレギュラー状態であるために、ストレスがかかるようです。

また前者は、すぐに概念化してカテゴライズしてしまうため、目の前のものをただ「そのもの」として、そのまま認識することが苦手な傾向にあります。

今この説明を読んだ前者さんの中には、自分がこの説明に当てはまっているかどうかがピンとこない、ちょっとイメージと違うという方もいると思います。前者の中でも、やっているレベル感の違いや個人差があるのは承知していますが、それでも後者の情報処理はもっと根本的な仕組み、言ってみれば**「OSの思想」**そのものが最初から違うのです。

今はその相対的な違いの部分に焦点を当てて説明していると思ってください。

後者の頭の中では個別情報が泳いでいる

りんごを見た時、後者も当然概念は認識します。りんごを見て「リンゴ」と思わない後者はさすがにいません。

ただ前者と違い、概念側に情報を仕分けるのではなく、後者は例えるなら図17のように**「現物側にタグやラベルがつく」**イメージなのです。

現物につくタグは1つではなく、「リンゴ」のような概念タグの他にも、**「赤」「おいしそう」**という印象タグや、**「○○さんが持ってきた」「右にある」**などの関連ラベルが同時多重に付与されます。

対応する「概念（名称）」がなくても、目の前の「そのもの」を「そのもの」として他と分けて識別することは、後者には難しいことではありません。

図17

概念があろうがなかろうが現物は存在するし、何かしらの特徴タグも必ずつくからです（状況、印象、外形的特徴……）。現物が違えばついているタグは必ず何か違うので、例えば「〝右〟のりんご」と「〝左〟のりんご」でさえ、完全に別物として区別して認識できます。

もちろん「リンゴ」という共通タグがついていることは理解していて、そのタグに注目すれば共通に扱うことができるのも知っていますが、「タグが共通」という条件は、他の組み合わせもあり得ます（例：「赤いもの」「おいしい」）。だから後者にとって「どのタグで共通のものとして扱う」かは、「判断」しなくてはいけないことなのですが、そんな後者から見て前者の「分け方」は、そういう風に分けることができるのはわかるけれども、なぜ「そこ」で分けたのか、理由がわからないことがあります。

では後者はどうやって、そんな「別々の情報」を頭の中で管理しているのでしょうか。

まず後者は、目の前の情報を基本的に**そのまま頭の中に放り込みます**。

後者の頭の中は、**4次元ポケットのような宇宙空間、水中空間**になっていて、「あのりんご」「そのりんご」「あそこのりんご」の情報が、別々に浮いているのです。後者の脳内では、そのような個別具体情報が無限に浮いて泳いでいるイメージになっています（図18）。

とはいっても、情報は無秩序に散っているというわけではなく、似たような情報は魚の群れや星団のように「集団化」しています。

その集団が、結果的に「概念」になったり（たとえば「リンゴ」集団）、逆に概念から入れば**「概念名」と現物集団の組み合わせがパターンとして学習**されたりしていきます。

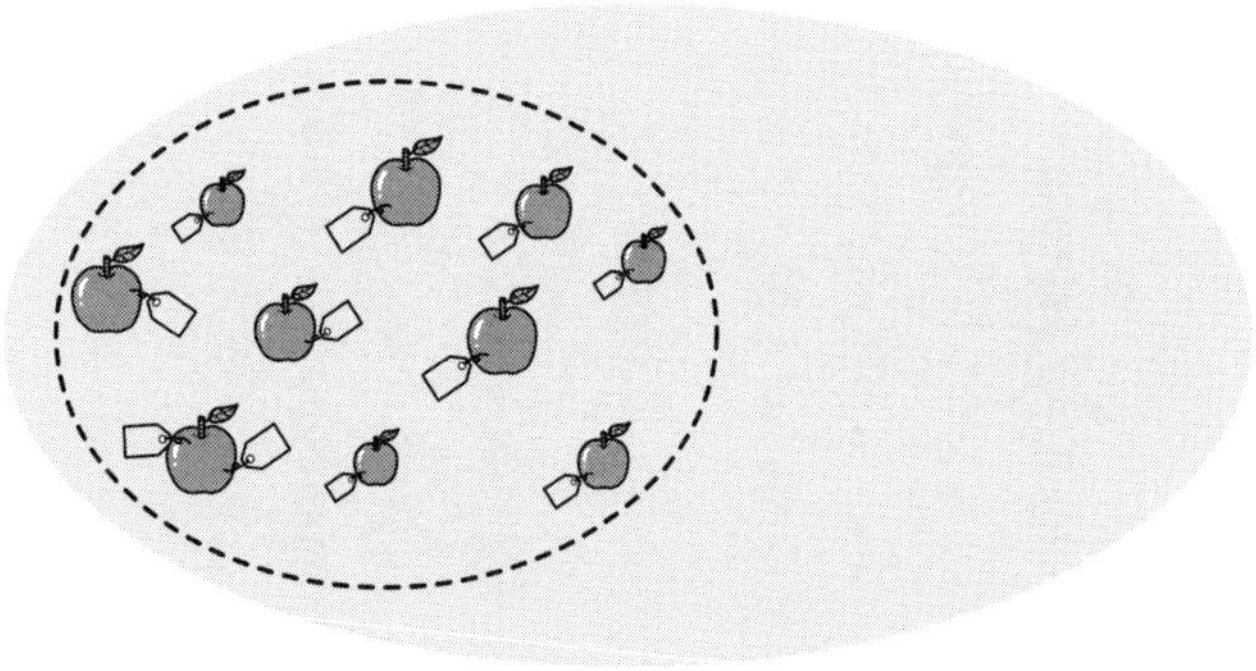

図18

またそうやってできあがった「概念」イメージすらも、この宇宙空間内の存在であるため、それもまた個別のりんご情報と同じように、概念同士でも集合化したり、パターンを形成したりします（ＡＩの深層学習のようなイメージかもしれません）。

よく関連し合う情報同士はつながりが強いものの、何をもって「よく関連し合う」と感じるかは、後者自身の経験や主観の影響が大きく、一般的な分類の仕方と一致しているとは限りません。前者同士と違い、後者同士でも、ここは個人差が大きいことが多いです。

後者も**何かしらの情報整理は必要・必須**ですが、情報が**自由遊泳できないとストレスになる**ため、なんとか「遊泳自由度」を保とうと工夫します。

カテゴリー分けは、大枠なら意識したとしても、細かい仕分けは自由遊泳の「壁」となるので嫌う人が多いでしょう。

前者がカテゴリーという層で情報を見ているのに対して、後者は基本的に「全情報」を常に直接見ているイメージです。そしてそれを「自分」というメインシステムの腕力で取り扱っているのです。

「抽出並べ替え」ベースか「アート活動」ベースか

情報の「認識（インプット）」と「整理や保管」の仕方がここまで述べたようになっているとして、ではその情報をどうやって「扱って」いるのでしょうか（思考→アウトプット）。

抽出して並べ替える

脳内がカテゴライズされて整理されている前者は、脳内の概念フォルダを順番に追うだけで情報を取り出せるので、対象を「思い出せない」ことはあっても、「迷子（どこにあるかわからない）」になることが基本的にありません。

そのような前者の思考→アウトプットは、情報を**「抽出」**し、それを**「並べ替える（組み合わせる）」**という操作が基本になっています。

もともと概念化されていますので、情報処理が軽くて速い。要点抽出とパターン組み換えの速さ、その適切さが前者ＯＳの思考処理面での武器といえるでしょう。しかも頭の中の情報構成が勝手に大きく変化したりしないので、同じ内容をコマンド処理的に何度も安定的に再現できます。

他人に対しても頭の中の思考プロセスをそのまま言語化するだけで、説明にも順当な筋道がつけられます。

その引き換えに、発想が枠におさまりがちなのが前者の傾向です。情報を創造的に扱いたい時には**「一時保管」用の受信フォルダ**のようなところに情報を敢えて取り出して、組み合わせたり組み替えたりするようです。ブレーンストーミングのようなやり方も、前者的な脳処理に対して、創造的要素を取り入れるための工夫といえるでしょう。

前者にももちろん、思考よりも感情優位な方や、視覚・体感覚優位の方もいますから、「言語処理」の得意不得意の個人差はあると思います。

とはいえ**OS単体の特性**としては、情報の整理や共有に機能サポートがある、といえます（だから本来感情優位な前者が、なまじOS機能としてできるために思考ばかりを発達させていると、本来の性質が抑圧を受けてしまうケースもあるでしょう）。

自然現象を翻訳する

逆に後者の頭の中は、**自然現象に近い状態**といえます。情報が脳内で「泳いで」いますので、**「必要な情報の確保」自体が、そもそも大きなステップとして存在しています。**ドラえもんが4次元ポケットをごそごそやっている感じです。

後者の情報の捕獲イメージとして、実際のアンケートで「底引き網をかける」「稲妻が走る」「ストームを起こす」「一本釣りする」「掘る」「4次元ポケットに手を突っ込む感じ」「ブラックホールから引き上げる」という回答がありました（※一般社会でふつうに生活している人達です）。

そして情報を引き上げた後に、言いたいことに合わせて改めて情報を選別したり、まとまった内容にしたりする構築ステップを踏みます。

さらに、そのままではまだ自分の中での話なので、一般的な言語に合わせる翻訳作業を行います。

後者は、**情報捕獲→検討→選別→構築→翻訳のプロセス**が必要なのです。これらのステップには技術と慣れが必要で、言いたいことがあればあるほど**後者は言語化のハードルが高くなる**傾向にあります。

かといって、途中のステップを抜いて「外」に出すと、言いたいこととズレたり、上手く伝わらなくてもどかしい思いをすることになります（ただし外国語と一緒で、それでも出したほうがコミュニケーションになり、スキルもあがります）。あるいは、諦めて黙ってしまう人も多いです。技術習得には、**教育の役割が非常に高い**ことも強調したいです。

また、これは言葉で説明しても前者にはイメージがつきづらいと思うので、身近な方に実際の感覚を聞いてほしいのですが、後者は**そもそも言語で直接考**

えていない人が多いです。

私もそうですが、無限に散っている情報群の中からある程度当たりをつけつつ、個々の内容を認識しないまま全体を操作して試行錯誤しています。それがある程度固まったところで、言語やイメージに引き上げています。

この操作に自覚的な人と、そうでない人で後者はタイプが分かれます。本書では字数を割けませんが、後者には大きく2タイプ、大体5タイプくらいの脳内パターンがあるのがわかっています。興味がある方はこちらのブログ記事をご覧ください（『後者の脳内イメージタイプ図はこうだ！』https://ameblo.jp/mukae-443/entry-12311367766.html）。

言ってみれば、後者は莫大な情報量を扱うに当たり、**無意識を利用している領域が大きい**といえそうですが、当然その分アンコントロールな要素が大きく、再現性に欠けるのと、他人との情報共有が課題になりがちです。

情報の安定処理のためには、動物を訓練するように自分との関係を強化したり、自然現象をコントロールするような工夫が必要です。

いろんなノウハウがあり得ると思いますが、絶対的に有効な方法が1つあり、それは**「紙に書く」（外出しする）**ことです。そしてインプットやアウトプットの「形式」「型」「ステップ」を、気合を入れて習得しておくことなどが有効でしょう。

前者は本当に「ふつう」がわかる

よく前者と後者の間でけんかになる、テンプレートな最大ワードが**「ふつう～でしょ」**という言葉です。そして後者勢は軒並みこう思っています。**「ふつうって何？」「ふつうがわからない」**。

もちろん、後者にも「殴られれば痛い」のような、普遍的なレベルで当てはまる「ふつう」はわかります。あるいは、冠婚葬祭の作法のように定型マナーのような「ふつう」もわかります。長年やっていることや属している組織についてなどの、分母の大方をおさえているような対象に対しての「ふつう」にも勘があります。そのようなあまり**変化しない「ふつう」**なら理解できます。

でもそうでないケースで、「ふつう〜でしょ」と言われ、それが自分の「ふつう」と違った場合、何を基準にどちらを「ふつう」と考えるのか。

それが「ふつう」なのはわかったが、なぜこれが「ふつうじゃない」のか。どのような基準でどう考えたら良いのか。そんなの個人の思い込みではないのか。合理性で考えるなら他にも「ふつう」の切り口はあるのに、何をもってそれを「ふつう」と言うのか。「ふつう」という定型の何かがあるのか。そもそも「ふつう」ってなんだ……？

後者の混迷は深いものがあります。私もそうでした。

でも違ったのです。**前者には本当に「ふつう」がわかる**のです。

自動算出される平均値＝ふつう

前者の頭の中には、「概念フォルダ」があると説明しました。そこには、その前者が生きている間に直接的・間接的に見知った大量のデータが放り込まれ続けています。

だからそんな前者の各フォルダ内ではその概念の**「最大公約数」や「平均値」のようなものが、常に自動算出&更新され続けている**のです。

こういう場合の「ふつう」、こういう条件の「ふつう」、人間の「ふつう」、男性の「ふつう」、女性の「ふつう」、会社の「ふつう」、条件A×条件Bの組み合わせの「ふつう」……。前者は状況から条件を抽出して、その組み合わせ

（TPO）に応じたいろんな「ふつう」を算出する、ということを常に自動でやっています。

もちろんそのデータはあくまで、その個人の経験や主観に根差したものですから、「それはあなたにとってふつうなだけでしょ」と言われれば、前者も「最後は」もちろんその通りです。だから前者もそれを勘違いしてはいけないのですが、前者の「ふつう」（一般的という意味での）には**バックデータがある**のです。しかも、もともと外部の客観情報の拾い方も後者より圧倒的に多いのです。

大量のバックデータを背景に持つこの「ふつう」は、まず大外しはしません。常に「この辺りかな」という感覚があるので、外しても軌道修正が早いのです。そして前者はそれをやっているのが「ふつう」だと思っていますから、「それがわからない人」がこの世にいると思っていません。

しかし後者には、この**平均値という意味での「ふつう」がわかりません。**システム的にわからないのです。後者の脳内には、そもそも前者のようなフォルダがありませんし（あっても大枠）、情報の扱い方の思想も、そもそも根本から異なるのです。

さらに前者の「ふつう」に関しては、この個人データの話とは別に、**後者の「潜る」に匹敵するもう1つ大きな話**がありますので、8章の「社会感覚の違い」で述べます。

❦ 自分を指針にし、「範囲」と「基本パターン」で調整する

「ふつうがわからない」なら、何を参考にどうやってものごとを判断するんだ？　と前者は感じるかもしれません。

後者にとって**基準はまず「自分」**です。自分こそが、自分の中にある全情報を扱うただ1つのメインシステムであり原理です。

「したい」「したくない」という動機も、何を美しいと感じるか、正しいと感じるか、好きか嫌いか、自分の感情や感覚が出発点であり、羅針盤になります。それは生来備わっているものでもあり、教えられて学んだり刷り込まれたりしたものでもあるでしょうが、そうやってできた自分の中での「筋」「原理」というものが、後者の行動指標そのものなのです。逆にそれがないと、来るものに対して対応的にしか動けずに迷子状態になります。

ただし、それでは他人と衝突します。どうやって他人と折り合うかといったら、後者は基本的には**「範囲戦略」**をとるのが一般的です。

よく後者は「怒られる」「怒られそう」と言います。つまり「ここからはまずい」というNGラインを経験的に見極め、**「そのNGラインの中では自由」**と割り切るのです。あるいは自分の必勝の**「基本パターン」**をどこかでつくって、それを基準にして調整をかけていきます。

そのうちに「似たような状況」に慣れれば、パターンがつかめて「カンどころ」が肌感覚でわかっていき、要領のいい後者であればさっと周囲や人を観察して、素早く要点を捉えて真似たり、反面教師にして地雷を避けるコツも心得ていたりします。

後者を教える場合も、この**「範囲」、「基本パターン」の提示が要**になることが多いです（＋全体像と自分の関連性もですが）。教える側や教わる側に「これが必要」という明確な自覚がないと、「何がわからないのかがわからない」まま、上手く動けずに右往左往する、ということになりかねません。

自身を不自由にしてしまうので賛同はできませんが、一から十までマニュアルや指示を欲しがる人、頑なに一度覚えた固定パターンに固執する人、自分の担当範囲をきっちり線引きして絶対に一歩も外に出ない人がいたりするのは、「ふつう」がわからないことに対する1つの安全策であり、自己防衛方法なのです。

「どのりんごでもないリンゴ」と「どのりんごでもあるりんご」

ちなみに後者にも「ふつう」の感覚はあります。そして後者の口にする「ふつう」のベースは、平均データのような水平方向の一般性の話ではなくて、深さのある**「普遍」「原理」**なのです。

前者にとって「ふつう」は、この場この限りの**「ふつう＝その場の条件における平均、標準」**という浅くて軽い使われ方なのでしょうが、後者の「ふつう」はびっくりするくらい重いのです（逆に後者は前者がそんなびっくりするくらい浅い意味で使っていると思っていません)。

そのイメージ感の違いを、両者の情報の扱い方で比較してみます。

前述のように「枠が先にあってそこに情報が貯まる」データ形式では、その中の「平均」が自動的に算出されます。だから、りんごならりんごデータの平均値、「平均的なりんご」像が算出されるのです。

それが前者の**「ふつうのりんご」**です(図19)。

ポイントはこの「平均的なりんご」はただの計算値ですから、**どの具体的なりんごでもない**ということです。計算すれば平均は必ず存在しますが、「平均そのもの」が実体としてあるわけではありません。比較のための「基準」として意味があるものです。

一方、後者のように個別情報の集積で概念になる場合、りんごなら「りんご」と名付けられるその集団を、「これがりんご」と「摑む」瞬間がやってきます。りんごを他のものから識別する、**「りんご（とされるもの）の本質」**像が、主観的に獲得されるのです。言ってみれば（自分にとっての）りんごのイデア像、りんごの元型です（図20）。

ポイントは、このリンゴの本質像は、脳内の**どの具体的なりんごにも該当する**、ということです。比較ではありません。**「これがりんご」**ですから、これに「当てはまる」か「そうでない」か、の**一発処理**です。

「珍しいりんご」か「よく見るりんご」かの差はありますが、りんごであればそれは「りんご」で、「ふつう」も何もありません。そして後者にとっての「ふつう」は、この「これがりんご」像についての話です。

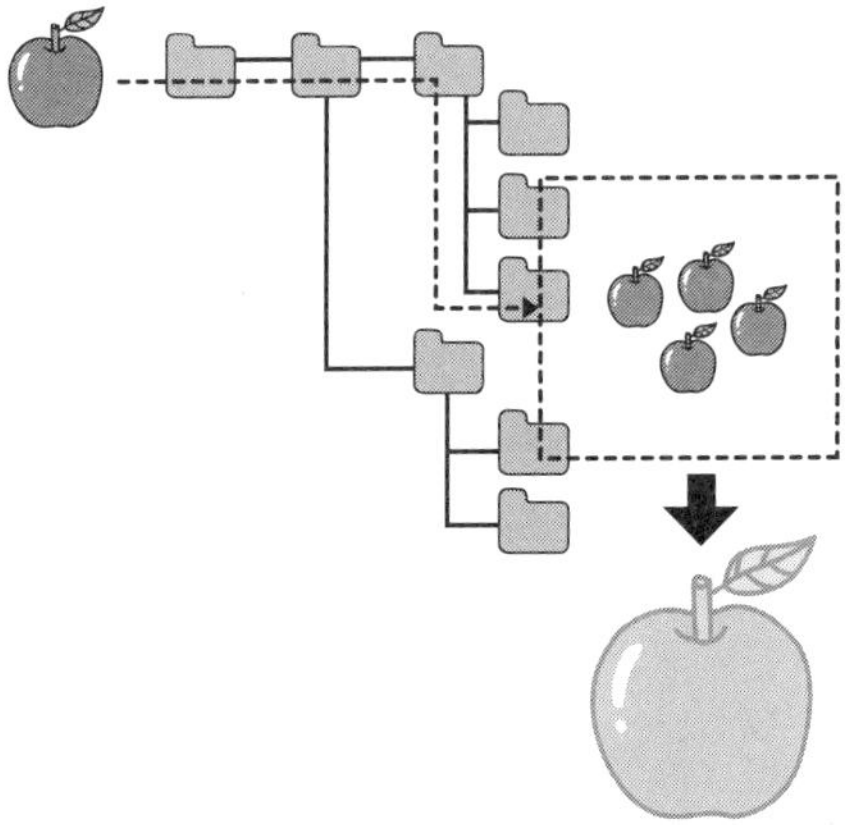
「ふつうのリンゴ」
（どのリンゴでもない平均的概念）

図19

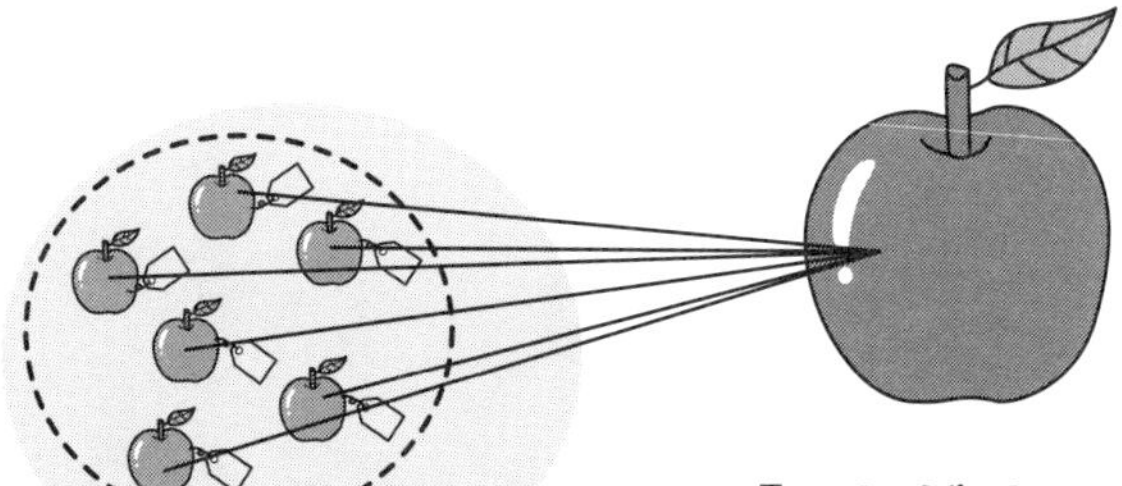
「これがリンゴ」
集団内のどのリンゴにも当てはまる
共通体質（と自分がピンとくる何か）

図20

前者の頭の中にあらゆる「ふつう」があるように、後者の脳内はそのような（どのレベルかはさておき）「本質＝ふつう」のイメージ像がたくさんできあがっているのです。もちろん前者もフォルダ分けに際して何かは摑んでいるはずですし、後者にも平均の感覚がないわけではありませんが、**拠り所にしている基準**が違うのです。

総じて言えば、出発点として前者は**「一般性」「要点抽出」**というデータや分類的なものにセンスがあり、後者は具体を通した**「普遍」「本質」**という原理的なものにセンスがあるのだと思われます。

しかしかぶる部分が大いにあるとはいえ、一般性は普遍ではなく、普遍性は一般性（その分母における汎用性）があるとは限りません。

それは社会の中でも個人の中でもバランスが大切なので、この両者の立場の違いと葛藤、持っていないものに対する羨望と努力は、あらゆるジャンルの歴史の中でもいつも繰り返されている気がします。

6章

多数派と少数派はどちらか

アジアは後者文化、欧米は前者文化

「日本の前者後者の割合ってどれくらいですかね?」と質問されることがあります。

職種や集団や地域などの条件で違いはあるでしょうが、日本全体では「**前者が3割、後者が7割**くらいじゃないでしょうか」といつも答えています。

実際に統計をとったわけではありませんが、私個人の肌感覚だけで答えているわけでもありません（ちなみに心理業界に身を置いている肌感覚だと、むしろ8割強は後者という感覚です）。なぜそう考えるかというと、文化比較をした時に、どう見ても**西洋は前者ベースの文化で、アジアは後者ベースの文化に見える**からです。

西洋系文化のロジカル性や、概念分類的な思考の体系、水平的な合意をとっていく展開力、階層的な社会構成、客観主義、意識によるコントロール志向……、これらはやはり前者的な認知や機能をベースにしているように見えます。あるいはネットやWEB技術のイメージやサービスも、前者が己の脳内を外部移行している営みといえる気がするのです。

対して、アジアの共感的コミュニケーション、美意識や義理や人情といった、非ロジカルな情緒的な規範、逆に徹底した固定ルール至上主義（例えば日本の校則のようなど)、横の連携が苦手な縦割りの序列構造、身内で固まりがちな集団主義、主観を意識する宗教や文化、無意識や体や自然に沿いながら調えようとする生活思想……それらはやはり、後者的な特性につながっているように感じます。

人混みなどを見ても、西洋は距離を取り合って動いていて、アジアは全体にわらわらとしています。

何をもって「東洋（的）」「西洋（的）」というかは諸説ありますが、**「前者と後者の比率（差）」**というのは、それに対する1つの有力な視点になりうるのではないでしょうか。

どちらの文化圏にも前者も後者も当然存在しているはずですが、概して**西洋は前者の比率が高いから前者的な要素の高い文化になり、アジアはその逆**、と素直に考えて差し支えないように思われます（ただし前者文化のほうが水平展開力に優れているため、たとえ欧米であっても実は前者は「多数派」ではない可能性もありえます)。

そしてその前提でアジア内での比較をすれば、**「後者多数だろうけれど、アジアの中では前者比率がわりと高め」**といえそうなところで、先ほどの数字の当たりをつけています。大雑把な私見ですが、外した線でもないでしょう。もしかしたらもう少し前者が多いかもしれませんが、日本文化の後者性の強さを考えると、4割には届かないのではないかなと想像します(例えば京都は前者多め、大阪は特に後者多めなどの、地域差はある程度あるかもしれません)。

どちらにしても後者は**多数派**です(そしてアジアで多数派なら世界の多数派でもあります)。

後者内でのバリエーションが豊富な上に、あまり横で連携しないために少数派に感じられるだけで、後者の典型的な悩みのほとんどは「特別」ではなく、そもそも少数派ですらないのです。

カウンター的な価値観と教育

欧米が前者ベース、日本が後者ベースと言うと**「意外です。日本のほうが人に気をつかうし、欧米のほうが個人主義的なイメージがあるのに」**という反応をよく受けます。

後者のほうが「主観的で自分が強い」、前者のほうが「客観的で協調的」と単純に捉えると、確かにそう感じるかもしれません。しかし、私は逆にいろいろと納得がいく話だと感じています。

なぜならば、どんな文化だろうと自分たちの課題や弱点をカバーするための

「カウンター的な教育や価値観」を持っているのが自然だからです。そして意識的に努力しているからこそ、自覚的で際立つともいえます。

放っておくと入ってくる外部情報に圧倒され、ワンノブゼムに埋没しがちな前者ベース文化だからこそ、「自分」というものをしっかり作り上げる教育に向かうのは理解できます。

努力して鍛え上げている「個」だからこそ強いのです。「自分」を他の「駒」と明確に区別するために「個性」や「違い」「突出」に価値を置くのも自然に感じます。盤上での**「自分と他人の区別」**は、前者にとって自分の存在価値に直結する問題だからです。

例えば英語の individual（個人＝これ以上分けられない）、identify（同一である＝他ではないと確認する）といった言葉にも、前者的な感覚や感性を感じます。
また、シビアに判定され合う客観性の中で生きていかなくてはならない世界観だからこそ、どのような態度で社会に挑むのか、その中でどうやって個人を確立しサバイバルしていくのかに対する、課題意識が強いのでしょう。

配慮するべき「味方」とそれ以外に線を引くのも、前者が放っておくと無制限に人と水平につながってしまうことへの対応に思えます（そして「線引き」次第で、扱いを一気に変える感性もそうです）。

一方で、放っておけば「自分」ばかりになりがちな後者多数の文化だからこそ、**「社会性」というものに重きを置いた教育が大切**になるはずです。

「公私を分ける」「人目を気にする」「人の振り見て我が振り直せ」「和を以って尊しとなす」「情けは人の為ならず」「親しき仲にも礼儀あり」……枚挙にい

とまがありませんが、これらの教えは明らかに後者の性質に向けたものでしょう。

そうやって「自分」と「自分の中の自然な欲求や傾向」との折り合い、「自分以外の人間」、「自分の生きる社会」との折り合いのつけ方のバランスを、学ばせてきたのだと思います。

その教育の弊害面が、あまりに行き過ぎてしまってもはや「害」になっている状況も否めませんが、大事な方向性であることは変わりません（そしてこういう時にゼロ－100で動いたり考えがちなのも後者の傾向です）。

逆に後者が、欧米的に「個人主義」「個性の確立」とただ言われても、これ以上どうすればいいのか、**実は全然ピンとこない**のではないでしょうか。それは欧米の「個人」「個性」が、8章で述べる、前者的な社会観を前提にした概念だからです。

一方、そのような意味では、日本の全前者さんにお伝えしたいのですが、**日本の社会規範に関わる道徳教育はほぼ「後者向け」です**。前者のみなさんは対象ではないのです。

例えば「無私」などというのは、後者にとってはいろんなものを超えた先の1つの人格的到達点かもしれませんが、前者が何も考えずにそれを目指してしまったら、ただただ「私」がなくなるだけになってしまいかねません。

「人目を気にする」というのも、一方向認知の後者に「見ている人がいる」を意識させるためのものです。

「人目」というのは前者のみなさんも徹底されて教えられたかもしれませんが、前者が自分を基準に想定しているほどには、実は**全然見られていない**ということも知っておいてよいと思います。

＊　＊　＊

I、II部と、両者の基本的な仕組みの違いを説明してきました。

こんなにも違う、ということをご理解いただけたでしょうか。

「そういうことか！」と納得した方も、未だ信じられない思いで読まれている方もいらっしゃるかもしれません。しかし、これは聞けばすぐに確認できる事実の話です。

とはいえ前者と後者の違いは、情報量やそのスピードがここまでではなかった時代なら、日常生活のレベルでは**「個人差」の範疇**に吸収されていたのかもしれません。あるいは**力技＝努力**で対応できる、限界範囲内にあったのだとも思います。

しかし、情報が高度化した現代においては（一説によれば、現代人の一日に受け取る情報量は江戸時代の一年分に相当するそうです）、ＯＳの違いによる影響が**個人差として扱っていいレベルを凌駕してきている**ように思えるのです。

その違いを踏まえずにいることのロスやハンデが、無視できないレベルに拡大してきていると感じます。特に現代は、欧米式の前者的なシステムや価値観が広まっていますから、後者的な出発点とのギャップを埋めるステップが、フォローポイントとして重要になっているはずです。

「前者後者」という概念を知らなくても、似たような疑問を持つ方、危機意識を持ってなんとかしようと取り組んでいる方は、個々の生活レベルでも、社会レベルでも、数多く存在するのではないでしょうか。

でも一般的には多くのケースで、それを「性格」や「個性」「才能」の問題に安易に還元してしまったり、薄々感じるものはありつつも、とにかく「努力をすればなんとかなる」という発想から抜けきれていなかったりするのだと思います。なぜなら、**違いを明確に言語化して指摘できていなかったから**です。

私に言わせれば「OSの違いを踏まえる」というのは、**ちょっとした「工夫」「コツ」「押さえどころ」の問題**に感じます。本人の努力やモチベーションは必要だとしても、ステップを踏んで「嚙み合わせ」ができるだけで、どれだけの能力や才能や可能性が開花していくことか……。

しかしそんな「ちょっとした」話であっても、内容を共有して状況を変えていくには大きなパワーが必要で、言語化による根拠づけや説明が不可欠です。

ハウツー的なことを解説するのは本書の役割ではありませんが、仕組みの違いを明示することによって、**社会的に共有できる観点の提起**となることを願っています。

コラム 2

発達障害や他のタイプ論との関係

よく、「発達障害」や「ADHD」との関係を聞かれます。「後者＝発達障害なのか？」と聞かれることもあります。専門外ですし、そもそも分類の発想が違うので「別物」としかいえません（ただ自閉症だけは、後者でとても深い層にホームポジションがある人の話かもしれないとは思います）。本来期待される（とされる）発達が何らかの理由で上手くいっていない、という現象自体は、前者後者どちらのシステムであっても発生しうる話だと思います。困難を感じている前者も、何の困難も感じていない後者もいくらでもいるでしょう。

ただ社会性という側面では、周囲の状況を拾って一般化したり、周囲に合わせることが（OS的に）得意な前者のほうが適応は早い傾向にあるでしょうから、本当はなにかイレギュラーな発達が起きていて本人も困難を感じていても、OSの機能でカバーができる（できてしまう）だけに、表面化しづらいというのはあるかもしれません。逆に後者はイレギュラーの影響が表に出やすい、目立ちやすいという傾向はありうると思います。そしてそれが結果的に、発達障害やＡＤＨＤなどの特徴のイメージとしてかぶっている部分はあるのかもしれません。

また、前者にとって後者の持つ特徴の多くが「理解できない」ために、**障害でもなんでもない発達プロセスや性質の違い**を「何かの障害なのではないか」と、カテゴリー分けしている可能性も少なくないと思います。後者側も「自分の責任じゃない」「それは無理なこと」と身を守るためには、病名や障害名が必要になるという側面もあるでしょう。そう考えると、「疑いあり」「傾向あり」とされる「グレーゾーン」の人々の何割かは、**「単に後者」**なだけというケースも多いのでは？　とは想像します。

私が実際に直接聞いたケースとして、前者の親御さんが後者のわが子の「潜っている」状態を見て、「うちの子はもしかして何か重大な疾患や障害でもあるのではないか」と真剣に悩み困惑した（なんなら医者に連れて行った）という話がいくつかあります。

「潜っている」なんて、後者にとっては「うちの子、呼吸しているんですけど……！」レベルの話です。相談された医者が後者なら、いったい何を相談されているのかさえわからず困惑するのではないかと思います（実際、笑われたそうです）。

しかし、そういったことを「知らない」前者の親にしてみれば、不安でたまらないのは理解できます。そしてもし相談した医者も前者だったりしたら、**「それは障害かもしれません」**というような話になりかねなかったということです。「知らなければ」そういうことも起きうるのです。

私も最初は笑って聞いていたのですが、もしかしたら**実は深刻な話なのかもしれない**、と思うようになりました。日本ですらこれなら、もしかしたら他国（特に前者優位な国）で「障害」診断されている子供の何割かが、単にこのケースの可能性は十分にあると思うのです。そうやって、自分にとってただ自然なことを「おかしいことなんだ」と思って育つことになれば、軸を失って混乱してもおかしくありません。それは完全に**二次災害**です。

もしそういう不要な劣等感や罪悪感に苛まれている人が社会に数多くいるとしたら、なんとももったいない話です。前者後者論の知見はそのような人たちを一気に救うかもしれません。

一方で、実際に不自然な「発達の偏り」、生活に直接支障をきたすような機能的な問題があって、困っている人もいるでしょう。前者後者の仕組みが浸透すれば、むしろ本当に「障害」としてフォローすべき層が（前者後者関係なく）適切に浮き上がるのではないかとも考えています。

では、他の性格分類やタイプ論との関係はどうでしょうか。

これもよく聞かれるのですが、前者後者は男女の区分けと同じ基礎ベースのようなものなので、他の分類論とは「対応関係」ではなく**「組み合わせ」で見**

ていくと納得感が高いように思えます。

これまでいろんなタイプ論に接してきましたが、その中でどうしても納得いくように当てはまらなかった部分が、前者後者を組み合わせることでスッキリ説明がつくように感じるのです。

特に言及しておきたいのは**「内向／外向」**（C・G・ユング）との組み合わせです。

例えば内向的な人は、人付き合いで消耗する、一人が平気、一人で充電する時間が必要、内部（主観）世界に興味がある、などとよく語られます。一方でそれは、後者ＯＳの性質と重なるものがあります。

しかし**「後者で外向的」という方も、「前者で内向的」という方もいる**わけです。もし内向外向という分類を、関心の「向き」を示す動的な部分の分類と考え、前者後者論は「基礎ポジション」に関する静的な分類と考えると、いろんな傾向に非常に合理的に説明がつくように思えます。

「後者で外向的な人」は人付き合いで活力を得て、エネルギーが回ります。しかし後者の性質としてなまじ一人が平気なだけに、何かでつまずいて「一人でいい」などと引きこもってしまうと、停滞してじり貧状態になりかねません。

逆に「前者で内向的な人」は機能的に放っておくと、どんどん輪が広がっていくものの、エネルギー回復が追い付かずに気づくと消耗している、反動がくる、ということが起きがちでしょう。バランスを取るのに苦労している前者さんは多そうで、実際よく見かける気がします。

これらの「後者で外向的な人」「前者で内向的な人」は、**矛盾的な特性を持っている**ので、補完的に働く場合もあれば、葛藤になる場合も多く、苦労しているかもしれません。逆に後者で内向的、前者で外向的な人は、親和的（相性がいい）な性質をそろえていますから、特性がより強化して素直に出そうです。

内向・外向に限らず、前者後者という基礎システムとの**親和性や矛盾性の観**

点でタイプ論を見返すと、新しい発見があると思います。

III

他者との関わり方が違う

人間はたった2つ!
通称 前者 後者 論

「自己チュー」で怒られる人

「気にしい」で疲れちゃう人

前章までは、それぞれの基礎的な仕組みの差について、整理紹介してきました。この章では、そこから必然的に生まれてくる両者の対外的、対人的な基本感覚の差を紹介していきます。

もちろん、現実のある人が具体的にどのような行動をとり、どのような価値観や習慣を持つに至っているかは、環境の影響や、個々人の選択と事情の産物です。

とはいえ、前者と後者の大きな「傾向」の違いは歴然と存在します。また、出発点が違うということは、たとえ同じ言葉でも感じ方が違う、同じように見える行動でも背景が大きく異なることがある、ということです。

さらに、そうでない側から見たら相容れない、不可解に見えることでも、それぞれの仕組みの中での妥当性や合理性が存在します。それは説明もできることで、**「ああそういうことだったのか」**と理解できることがたくさんあるのではないかと思います。

自分の前提を「当然」だと思っていると、見えないものがたくさんあります。自分にとっては当たり前、むしろ全然足りない、なんなら「バカにしているのか？」とすら思っていたことに、相手の努力や歩み寄りがあったこと、あるいは自分が知らないところで相手が払っていてくれた優しさや愛情のかたちに、想像力や気づきが生まれるかもしれません。

7章

【人間観の違い】が生む誤解

人と人は常に「つながっている」か?

前者と後者の対人関係の基本感覚で決定的に違うのが、この人間関係の基本イメージです。常に「地上」に存在する前者と、一人ひとりが自分の内側に「ホーム」を持っている後者では、人間観の前提が大きく異なっているのです。

常に「地上」に存在し、状況全体を共有し合う世界観の前者には、人と人は常に客観的な何かでつながり関係し合う、**地続きの「陸上の村や都市」同士**のようなイメージになります（図21）。

人がいれば道があり、道があれば何かが行き来しています。そして人は多方面につながっています。誰が誰と（あるいは自分と）どうつながり、何を行き来させているかが人間関係そのものです。

一方、人はみな自分の内側にある「マイホーム」がベースポジションという世界観の後者にとって、人と人は**海で自然に隔てられている「島」同士**のようなものです（図22）。

島ですから地下では連続的につながっていて、近海の状態は共有していますが、陸上的には他人は基本的に「向こう岸」の存在です。興味や目的を持って交流し合うことはあっても、そうでない時は「隣の島には隣の島の事情がある」「隣の島のことは隣の島のこと」がまず基本です。

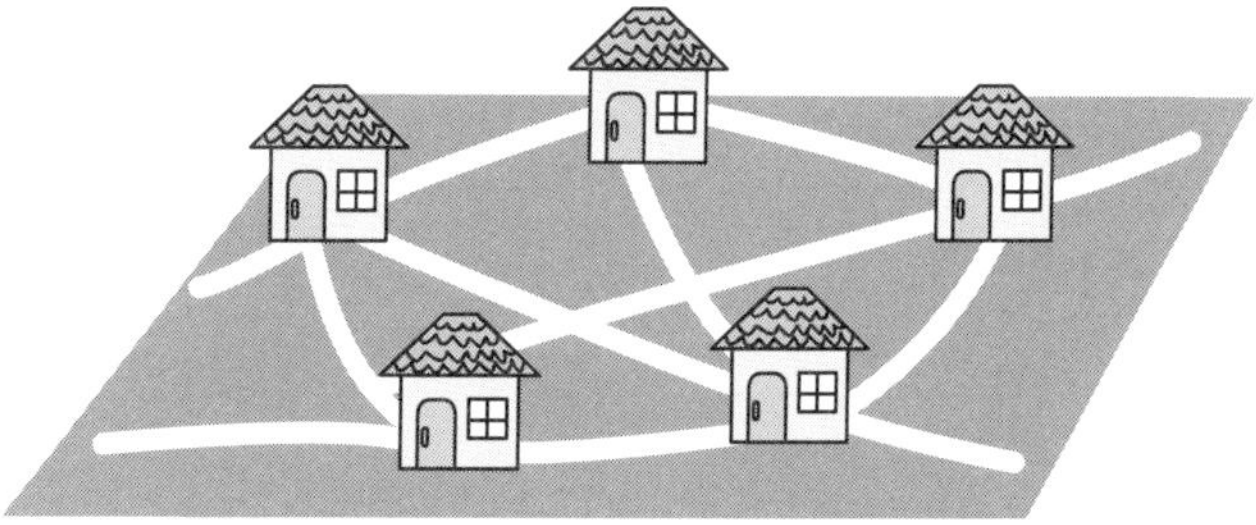

図21

図22

お互い人と人は「つながって」はいて、影響もし合っているのですが、その基本イメージが異なるのです。

「陸」の前者、「島」の後者

「陸」の世界

「陸」の世界観の前者にとって、人と人は町や村のように常に具体的に交流し、関係し合っているように感じられています。遠い村も近い町もありますが、町があるなら道があるのが当たり前、そして道があるなら交流も当然存在する、そのような感覚です。意図的に断ち切らない限り、道がなくなることも交流が途絶えることもありません。

お互いがそうやって関係し合っている世界では、自分が何かをすれば直接の相手だけでなく、全体のパワーバランスや政治バランスにもダイレクトに影響が発生します。逆にどこかで何かが起これば、同じように自分のところにも波及しますから、そこに交流がある限り**「関係のないこと」など存在しない**のです。

外に出た言動は、お互い観察され判断され、それを受けて相手も行動を変え、自分もそれにまた対応する、その繰り返しが自然で当然なのが前者の世界観です。3章の「全ての言動には意図がある、と思っている人たち」のところで紹介した通りです。**常に、水平的に関係が続いている**のです。

関係し合って交流していることは安心ですが、油断はできません。自分の行動は、「受け取られ方」を考えて慎重になります。多方面に交流し合いながら、同じ陣営の「同盟国」や、「友好国」、「警戒対象国」、「第三者的な中立国」というような、いくつもの線引きや距離感や位置づけを見極めたりコントロールしたりしています。「陣営」の仲間がいると心強く感じ、周囲の平和が自分や自分の大事な人達の平和に関係するので、いち早く情報を収集し、平和維持のために先手を打つことも習慣にしています。何かあれば「味方」として加勢するのが、同盟国であり友好国の務めです。

これをどれくらいの警戒心で手綱取りするかは、その前者が周囲の人間関係にどのようなイメージを持っているかでかなり差があります。シビアな世界観で育てば、世界は常に策略と謀略といった、まさに「意図の銃撃戦」が飛び交う、片時も隙の見せられない戦場のように感じられることでしょう。平和で安心な世界観にあれば、おおらかに構えていることもできます。

また、この社会的な交流を絶たれることは、前者にとっては「死」に値するほどの意味を持つこともあり、そうならないようにかなりの気を遣っています。

一方で、人間関係に疲れ切ると、国交を閉ざして完全な籠城状態になることもあるようです。

「島」の世界

一方「島」の世界観の後者には、人と人は海で「自然に」隔てられ、それぞれ固有の領域で自給自足しているのが基本感覚です。

普段そこに「道」は存在していないため、後者が人と交流するのは、必要に応じて橋をかけたり船を出したりするイメージで、**常に「意識的な行為」です。**

用（興味や必要）があって橋をかけていますので、終われば橋を引っ込めて「ふぅ、やれやれ」と戻っていきます。具体的な用がない時に、後者に具体的なアクションがないのは意図的でもなんでもなく、単純にそれが「基本状態」です。

たとえ物理的に近い距離に人がいたとしても、橋をかけていない限りそこは「別の島」で「別の島の話」です。「下」の海中ではつながっていても、海上では、島の外の話が**「当然に自分に関係している」と感じてはいません**（自分が積極的に関わりを持とうとしていれば別ですが）。そして〝人間のベース感覚は誰しもこうだ〟という前提でいます。

そんな後者は、領域を脅かされずに必要物資さえ確保できるなら、（望ましい状態かどうかは別として）あまり「困る」ことなく、単独で生きていられる人も多いでしょう。

それでも後者が人と交流を図るのは、端的に言えば**「一人じゃつまらない」**からです。つまらなすぎて死ぬかもしれないので、そういう意味では死活問題でもあるといえるかもしれません。もっと広い世界を知りたい、自分の文化を知ってもらいたい、自分を試したい。**「世界観の交流」がコミュニケーションの根本的な目的**なのです。

そのような後者の性質は、「自分の好きなもの」「自分が良いと思っているもの」を相手にプレゼントするという習性にも顕著に現れています。これは「私の世界の良いモノをおすそ分けしたい、共有したい、相手の世界を広げてあげたい」、そんな気持ちが出発点にあるのです（ただ一方的になりがちなので、「気持ちしかない」と相手が迷惑なことが多々あります）。

これが前者だと、まず「相手の立場」で「相手の役に立つもの、喜びそうなもの」で考え、たとえ自分が評価していないものや好きなものでなくても全く構わないということが多いのですが、後者はそれが何か失礼なことのような気がしてしまうのです（受け取る分には構いませんが、自分があげる時には）。

橋をかけ船を出す＝他人とコミュニケーションする、にあたっては、**「勇気」「慣れ」「コツ」「勘」「技術」がある程度必要**です。

根っからの外向的で社交的なタイプはよいですが、後者はこれが下手な人や訓練されていない人も多く、橋が途中で壊れたり船が座礁したり、タイミングがまずかったりでスムーズに人と交流できず、何かあると安全な自分の島に引きこもってしまいがちな傾向があります。「お外が怖い」のです。

同じ目的や興味があると、それを介してコミュニケーションできるため、相手と直接つながるよりハードルが下がるので上手くいきやすくなります。

また、自分の動機で島から出るのは問題ありませんが、他人の要求で出る時は、何を「動機」「目的」「目標」にしたらいいのかがわからないと、パフォーマンスがだだ下がりします。そのため後者はよく「**なんで？**（＝なんのために？）（＝それで私orみんなにどんないいことがあるの？）（＝そのことと私の関連は？）」と聞くのです。

それぞれの世界観の前提が違うため、それに伴う愛情表現も異なります。そのために発生する、典型的な誤解があります。

陸の愛情、島の愛情

陸の前者の愛情は「DO」ベース

陸の世界では、**「良いもの」を「たくさん」交流させるのが友好や愛情の「証明」**です。

つながっている＝道路は基本設備なので、あって当たり前、交流していて当たり前です。それは誰に対してでもそうです。だから「差」になるのは、その道路の上に「どんなものが」「どれだけ」行き来しているかです。交流の頻度と程度（質）が大事なのです。

だから行動や言葉、情報など、前者はそれらの**〝具体的に外に出たもの〟〝客観的に表れた言動〟**を大事にします。大事な相手には、普段誰にでもしていることのサービスの質やランクを上げる、そんなイメージです。一般にも、協力国や、友好国との交流は、そういうイメージですよね。

そんな前者は、相手にもそれを期待します。それがない、それを示してくれないということは、そのこと自体に対しての不満もそうですが、それ以上に**「私に愛情がないのでは？」**ということのように感じてしまうのです。

よくあるケースでは、以下のようなものがあります。

- したことをスルーされる

＝「気に入らなかったのでは？」と想像してさらに頑張って、一方的にな

りすぎ「うまく使われているだけなのでは」と感じ始める
●反応がない、交流や通信が途切れる感じがする
＝意図的に門を閉ざされ、締め出されているように感じる
●（結果として）自分が不快になるようなことをされる
＝「怒らせるような何かした？」「攻撃宣言？」と感じる、わざとでなくてもその不注意さ自体を、「自分を軽視している」積極的態度と勘繰ってしまう

必ずしも思い込むわけではないのですが、そう感じてしまうのです。

前者には好意や、感謝、褒める気持ちを伝える、あるいは誤解しているだろうことを解くためには、ちゃんと**「口にして言う」「言動や態度で示す」**ことがとても大事になります。前者は「外に現れた行為＝ＤＯ」の世界で生きています。後者が考えている以上に、前者には具体的な形で伝えてもらわないとわからないことがたくさんあるのです。

また前者は、自分を「みんなの中の一人」「全体の中のワンプレイヤー」という感覚で捉えているので、相手にとって自分が「特別」「その他大勢じゃない」ということを実感することは、重要な意味を持ちます（それを社会に対して能力で証明しようとする人も多くいます）。

私見の印象としては、一連の前者の傾向は、特に女性に顕著に感じられます。

島の後者の愛情は「BE」ベース

一方後者の世界観では、橋をかけ船を出して「わざわざ」出向くのは興味のある所だけで、自分の世界に入れてあげるのも基本は気に入ったものだけです。エネルギーをかけてまでどうでもいいところに行きたくないのも、自分の大切な「島」に変なものを入れたくないのも当たり前です（後者の受け入れ力は懐と器の広さにイコールです）。

後者に愛情を確認したら、きっと言われるでしょう。

「一緒にいるじゃん」。

後者にとっては、交流を結ぼうとする意思そのものが「あなたに興味がある」「あなたと関係性を結びたい」という好意や関心の証明です。独立国家同士の国交を結ぶイメージに近いかもしれません。

「側にいる」「接続している」それは相当な好意や関心の証で、後者界ではそんなことは**言うまでもない無意識の了解事項**のため、十分かどうかは別にしても、その基本感覚が伝わらないのが、むしろ不思議だったりします（接続がない＝関心がないではありませんが、接続している＝関心がある、です）。

逆に望まない干渉は、善意であっても自分の世界を尊重されていないように感じがちです。後者にとって「島」の文化はアイデンティティそのものなので、受け入れにはかなり慎重な人が多いです。後者が「自分の世界に入れてあげる」「相手から得た何かを島に持ち帰る」、つまり、〝相手や相手の世界の何かを自分の世界に受け入れる〟というのは、最大級の敬意や信頼の証です（ただし、受け入れたくても受け入れ方法がわからないものは、悪いと思いつつ持ち帰れずに置いていってしまうため、それを誤解されることも多いです）。

特別に親しくなれば、相手に自分へのフリー接続権**「フリーパス」**を渡します。しかもこれは、大体の場合永久保証です。「身内」という言葉がありますが、身内とみなした相手は島の「地下」が時空を超えて開通したようなもので、たとえ立場が変わろうと、どこか自分自身の延長のようなつながった相手なのです。

そして、これが前者との間における非常に大きな誤解ポイントとなっているのですが、後者は**親しくなってくると、自動的に「スイッチオフ」モードが発動**します。

気遣いやサービスが好意なのは後者も当然同じですが、それはあくまで「島の外用」に頑張って「お客様対応」している側面でもあります。親しくなると自分に親しい相手として、自動的に「素」が出てくるのです。「よそ者」が「島の名誉地元民」扱いになるイメージでしょうか。

さらに親しくなると、橋もかけずに、勝手に島ごと接岸してくるようなイメージに変わります（猫や犬がなついてくる感じに近いです）。地上での活動キャパシティに限度がある後者は、親しい人ほど「許してもらえる」相手です。無理相手を軽んじているわけではなく、「外」で頑張って戦っている人ほど、無理をせずに側にいさせてもらえる相手を本当にありがたいと思っています。

ただしこれは結果的に**「サービス（DO）」の低下につながります**。親しくなればなるほどサービスの質を上げる前者に対し、親しくなることでかえってサービスが落ちる後者という、典型現象が**必ず**起きます。

そして前者から「釣った魚に餌をやらないということか」「愛情が薄くなったのか」と誤解されるのです。それは「愛情が減った」というより「信頼が上がった」状態なのですが、前者にはそれは積極的に言わない限り伝わらず、相手を疑わせて不安にさせています。

逆に後者は、無意識にこの「素」の出方を親しさのバロメーターにしているので、行動してもらえるのは嬉しくても、相手から「素」が感じられないと、「安心してもらえていない」「水くさい」「まだ気を許してもらえていないのかなあ」「信頼されていないのだろうか」と感じる傾向にあります。お互いにフリーパスを出し合って信頼し合っている関係が、1つの理想状態だからです。この感覚の差が、両者のもったいないすれ違いを生んでいます。

一方で後者の「親しいほど素になる」傾向は、相手との距離感を間違っていると非常に無礼な態度になります。また、放っておくと段々自分勝手な馴れ馴れしさや厚かましさに、転換しがちでもあります。そして、段々相手を勝手に自己の延長として取り込んで同化圧をかけてくる（相手の島まで自分の支配領土とみなす）傾向もあります。

それが嫌な場合、どこかで意思を持った防衛の線引きをするのが、お互いのためです。**「親しき中にも礼儀あり」**という戒めの言葉や、**「仕切り」**をもたらす儀礼的なマナー、自分を自分で律する節度の推奨などは、こういった後者の傾向に対するカウンター教育だろうと思われます。

一連の後者の傾向は、前者とは逆に特に男性に顕著な気がします。私見では、日本のジェンダー的な要請が女性は前者寄りに、男性は後者寄りにあるからではないか、と考えています（肉体的な親和性は逆な気がするのですが）。

＊　＊　＊

いかがでしょうか。思い当たることが多いのではありませんか。

とはいえ、なんでもそうですが、お互い**「だから納得しろ」ということではありません。**何も考えずに本能の通りでいればいいというものではありませんし、無理なことや嫌なこと、してほしいこと、わかってほしいことは伝えればいいと思います。理解していたって嫌なことは嫌です。当たり前です。その上で諦めるしかないこと、努力したいこと、歩み寄れること、どうしてもできないことは自分にも相手にもあります。

でも、そもそもの発想や愛情のカタチがお互いに違う、ということを理解しておけば、相手の気持ちについての誤解は減りますよね。双方の出発点や感じ方をわかった上で話し合えば、言い方も変わり、通じることは多いのではないかと思います。

8章

【社会感覚の違い】――「ふつう」って何？

社会が先にありきか、個人の集合が社会か

「社会」という言葉は外来のはずですが、この「社会」の位置づけや、「人間の集団」と「個人」の関わり方の意識が、最初から前者と後者で異なっているように見えます。

前者にも後者にも、いろんな規模やレベルの「社会」感覚がありますが、両者の感覚の違いを端的に言えば、前者は**「社会というものが先にあって、個人**

がそこに参加している」（図23）という感覚がベースにあり、後者は**「個人の集合が（結果的に）社会」（図24）**という感覚がベースにあると思われます。

これは5章の、両者の脳内の情報空間のイメージも強く関連しているでしょう。

前者は「社会という概念」が独立に存在していて、そこに「個人が社会の一員の一人として参加する」という意識が強く、個人は後です。社会というゲーム画面や箱ありきで、そこにプレイヤーがなんらかの役割を持って参加するイメージです。

一方後者は「個人が先」で、個人の集団が結果的に社会意識を形成する、という感覚がベースにあります。

一人ひとりが直接の要素の1つとなって、結果的に「空気」「場」として社会が形成されます（日本は更に、個人の「外」の共存空間として「公」というフィールドを想定しているのが特徴な気がします）。

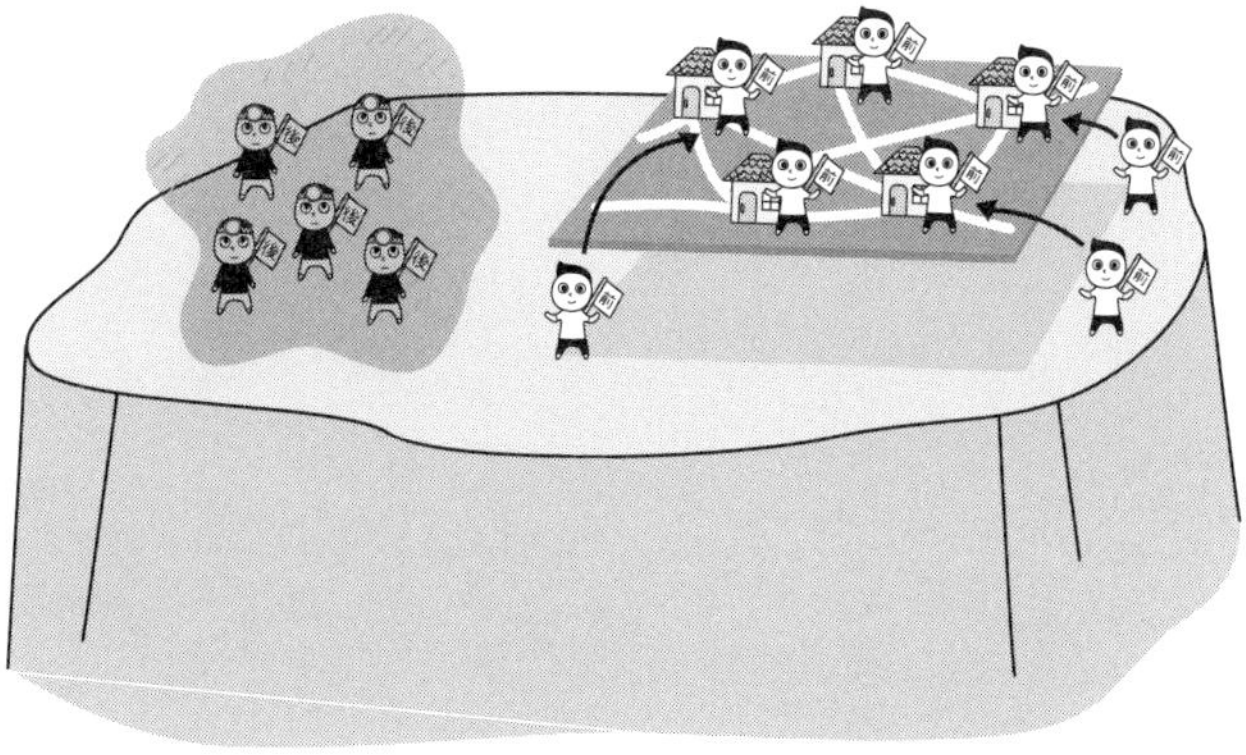

図24　　図23

いわゆる日本的な企業と外資系の企業のイメージが、前者と後者の社会感覚の差にそのまま対応するかもしれません。また、日本の二次創作市場などは、まさに後者的な社会形成を体現している気がします。

この社会感覚自体の話も非常に興味深いテーマなのですが、それはコラム③で述べるとして、ここではそれよりも、この前者の社会感覚が**どれほど根深いレベルで日常にも作用しているか**、それがどれくらい前者の行動や考え方の根本的な前提になっているかを紹介したいと思います。

そしてそれはおそらく、後者側がずっと「謎」に思っていただろうことの答えでもあります。

「ふつう〜でしょ」の正体

私は長らくずっと**「ふつう〜でしょ（だからするべき／しないもの）」**という言い方で人を動かそうとするのが不思議でなりませんでした。

リクエストがあるのなら直接「〜してほしい」といえばよく、何かが嫌なのであれば「〝私は〟それが嫌だ」と**ただ言えばいい**のに、なぜ一回「外から回ってくる」のか。「してほしい」と言われれば、なんとも思わずやることを、わざわざ嫌味に「ふつう〜でしょ」と言ってこられると、「は？　それ私のふつうじゃないですけど」と完全に**宗教戦争が勃発**です。そういうケンカや話し合いがしたいならともかく、なぜ無駄に争いをしかけてくるのか、疑問で仕方がありませんでした。

でも、それを至極合理的な感覚で伝えてもよくわからない理由で反発され、口で言っている表面上の理由がなんであれ、そこに相手の原理的な何かに接触するかのような抵抗感があるらしいのを、ずっと感じていました。

さらに、もう少し私の感じていた違和感を言語化すると、例えばこうです。私も時には「ふつう〜でしょ」と言うことはありますが、私が自分の発言を分解するなら「私が前提とし妥当と感じているふつうはこう」＋「だからしなさい」のセットです。しかし「ふつう〜でしょ」と当たり前のように言う人が問いかけてくるのは、**「なぜそうしないの？」だけ**なのです。

謎の「ふつう」が、こちらの合意も議論もさしはさまないうちから当たり前のように前提として存在していて、こちらに与えられている返答の選択肢は「なぜそれに従わないのか」という問いへの答えだけなのです。

相手をデートに誘うテクニックで、「一緒にランチしない？」ではなく、例えば「パスタとカレーとどっちがいい？」と問いかける、というやり方があります。一緒にいくことを前提化してしまって、相手の選択肢を無意識に限定させる心理トリックです。それをやられている感じ、と説明すれば伝わるでしょうか。しかも指摘してもこちらの疑問が伝わらないくらい「当たり前」にそうしているのです。

この**「ふつう～でしょ」を巡る戦線**は、前者後者間の最も代表的&典型的な超絶「あるある」です。なぜならそこがまさに、両者の根本的な社会観やありようがぶつかる境界ポイントだからです。これが「なんなのか」に気づいた時は、本当にいろんなことが心底腑に落ちました。

前者の「共有平面」（「ふつうフィールド」）

実は前者の世界には、図25のようなイメージが存在します。この図の中央のボードを、私は前者の**「共有平面」ないし「ふつうフィールド」**と呼んでいます。これは、4章で述べた**後者の「飛ぶ」と対応するような前者の根本習性**で、後者が「マイホーム」に意識が引っ張られるように、実は前者もこの**「共有平面」に意識が常に引っ張られています**。そして後者にとって「マイホーム」が当然なように、前者にとってこの「共有平面」は**「人類共通の前提と思っている」仕組み**です。

この説明をこの章に持ってきたのは、それを理解するにはまず5章の前者の『「システムの設計」が根本的に違う（前者は本当にふつうがわかる）』と、前者と後者の社会感覚の違いを、先に説明する必要があったからです。

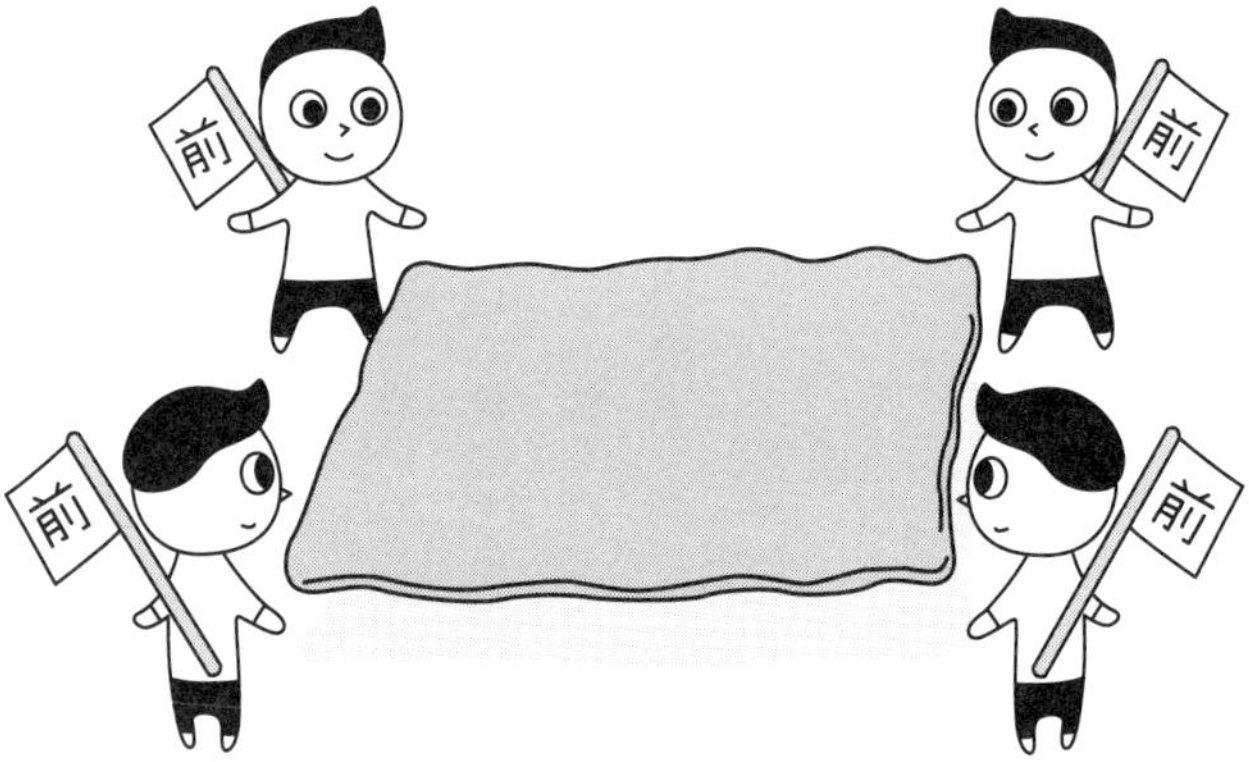

図25

前者には、脳内に「概念ごとのふつう（＝平均）像」があると5章で解説しました。前者は個々人の中に、それらの「ふつう」の集積でできあがった〝平均化された仮想の世界像〟が存在します。この共有平面は、各自が持っている**「ふつう」像をすり合わせる「中央フィールド」**のようなものです。比喩的なイメージですが、ボードゲームのゲーム盤のようなものと考えてもらって構いません。

前者同士は、この共有平面を通して各自の「ふつう」をすり合わせ、「あー、はいはい」「そういうことですね」「理解しました」というような察し合いをして（あるいは勝手に察して）、「その場のふつう」を無言のうちに**合意し合う**のです。お互いの「ふつう」がピタッとはまることを、前者は非常に爽快に感じます。

ほぼひと続きで呼吸のように行っている作業ですが、敢えて分解して説明すると以下のようなイメージになるようです。

①その場（共有平面）の「ふつう」を観察する
↓②自分の「ふつう」を出してすり合わせる（一対一だと②で様子見し合う）
↓③その場の「ふつう」について合意・確認
↓④合意した「ふつう」に沿った役割分担発生
↓⑤各自が振られた役割を責任をもって遂行

その場の「ふつう」が合意されると、それに応じた各自の役割が認識・配分されます。そして各自が場を円滑に予定調和させるべく、その役割に沿った責任を遂行していきます。

「役割スーツ」、「ふつうスーツ」のようなものが配布され、そのスーツを着た**「役割」アバター**の自分が動くような感覚といえるでしょうか。ゲームのキャラクターや駒、演劇の配役のようなものです。「責任」のレベル感は集団の性質によって変わりますが（例：会社、個人的なグループ、家族、友人同士……）、形式としてはいつでも同じです。

後者には**意味がわからない**かもしれませんが、これは好きでやっているとかやりたくてやっているとかでは全くなく、なんならたとえ嫌だったとしても、「自分」を横に置いて（必要なら殺して）求められる行動をとる。それが**「当然の行動」**として、前者の習性に組み込まれているのです。

そしてこの共有平面の「形式」は、冒頭に述べた前者の「社会」のイメージとイコールだと思います。言ってみれば前者は、人がいれば常に何かしらの「社会」を想定していて、それは参加者で共有する**「ゲーム盤」**のようなものです（ゲーム盤＝社会や「ふつう」は1つではなく、その場その時のプレイヤーや条件で都度変わりますが、常に何かしらのゲーム盤がある）。

ゲームに参加し、その一員としてプレイするなら、そのゲームのルールを理解し、あるいはルールに合意するのは大前提ですよね。そして、なにがしかのポジションや役割をもってプレイを進行させるのが当たり前です。そしてゲームは、「行為」を通して意思疎通します。これが、前者界の常識中の常識で、前者が**全人類共通「と思っている」前提形式**です。

日本が欧米諸国との国際交渉でよく出遅れるのは、ルール（「ふつう」）で真っ先に勝負するのが、**前者文化の感覚ではこれほどまでに当たり前**、という意識がないからではないでしょうか。

この形式自体が前者の土俵といえるのですが、ともあれ相手のやり方が見えていないと、違和感の原因の理解や、対話の出発点にすら立てないことになります（また逆にそういう意味では、日本の前者にはそういう欧米の対話形式に対抗できる感覚があるともいえます）。

ちなみに、前者の中でもこの共有平面への関わり方でタイプが分かれているのですが、興味がある方はこちらをご参照ください。「前者の脳内（システム）タイプ！解説編」(https://ameblo.jp/mukae-443/entry-12427215720.html)

宗教観の違い

前者は、この世の全員にこの「共有平面（ふつうフィールド）」の形式が当たり前に共有されていると思っているので、**常にこのフィールドを通して会話しようとします**。それが当たり前でマナーでもある、という感覚なのです。

「ふつう」を介する利点は、雑多な個人同士がいちいちダイレクトに殴り合ったりぶつかったりする必要がないことでしょう。また一度「ふつう」が合意できたら、あとはそれに沿って内容を遂行すれば、お互いの合意状態が実現するのですから、恨みっこなしです。

共有平面上に、知見や知識を共有して蓄積していけることも強みです。だから生身の個人的な感情や事情は自分の内に納め、あくまでゲーム画面を通して理性的に取り決めを行うのが前者界の（表向きの）マナーであり、それができることが、言ってみればプレイヤー資格です。

逆に、「ふつう」を介さずダイレクトに相手とコンタクトするのは「場外措置」というか、**かなり興ざめな失礼なこと**で、するのもされるのも抵抗のある「よほど」の段階なのです。だから前者は遠まわしに伝えたり、冗句や皮肉に混ぜて、相手自らの気づきを促そうとします。そしてこの形式自体について説明することは、相手をゲームのルール「内容」が理解できない「子供」どころか、**ルールの「存在」も理解できない「幼児」のように扱うような失礼極まり**

ない行為、という感覚が前者にはあるようです。

また、この共有平面の形式を、当たり前には共有できないことを認めることにも、その上でそれを説明しなくてはならないことにも、何かの理想（たぶん「わかりあう」こと「わかってもらうこと」）を根本的に諦めなくてはいけないような、言い難い本能的な絶望感や抵抗感があるらしく、だからこそ、後者がどれだけ疑問に思ってそれを質問しても、はっきり説明してはくれないのです。

しかし、**後者にはこの共有平面の存在自体がそもそも想定外です**。

第一、この共有平面の形式自体に**合意した覚えもありません**（まずその手前で、平均、標準という意味での前者的な「ふつう」も、機能的にわかりませんもん）。むしろ「ふつうは～」と言われると、**リクエストの「動機」に対して主体としての責任をとろうとしない卑怯な態度**に見えてしまうのです。

「あなたが」それを望む、というなら快くやるのに、「それがふつうだから」というリクエストの仕方は、後者の意欲を非常にくじきます。「なんのために」かが、わからないからです。

あるいは「あなたが嫌で怒っている」なら、少なくともそれを出発点として「あなた」について理解でき、お互いの妥協点について考えられます。しかし「ふつう」違反の罪に対して怒っていると言われたら、完全に**宗教違いです**。

多くの後者は**「なぜシンプルに言わないのか?」**と疑問に思っています（逆にこの「シンプルに言う」に、前者はものすごい抵抗があるわけですが）。身近な後者と、もし何かすれ違っている感じがしているとしたら、（ふつうを通さず）「私は」を主語にした**ストレート**な物言いや感情を見せることが大事で、有効なことが多いです。

もちろん後者にも、一般的なイメージをベースに期待している「ふつうは」

や社会的役割に対するリクエストがないわけでもありません。後者もそのような言い方をすることはあり、「公私」という言葉に見られるように、プライベートとそうでない場所を分ける意識もあります。

しかし前者の感覚とは質が違い、考えている社会イメージの前提が違うのです。前者の社会ルールイメージは、大抵の後者にはおそらくかなり窮屈に感じるのではないかと思います。

どちらが「正しい」という話でもないですし、現実社会には両者の混合系が重層的に存在するでしょう。前者も後者も、どちらかしか採用していないということでもないはずです。

しかし混合しているからこそ、前提の違いが「あれ？」という違和感やスタンスの違いとしてすれ違いを生むことは、家庭内でも企業内でもいくらでもあると思われます。その時に、なんの前提が違っているのかを理解できれば、建設的な話し合いにつながるかもしれません。また、特に前者はそのようなすれ違いの際に、自分たちのやり方を「疑いもない当然の前提」とした上で話を進めて反発されがちなので、自覚は必要と思われます（後者も後者の強引なやり方で反発されたりしますが、対象と理由が誰の目にもわかりやすい）。

その2つの社会前提を踏まえた上で、どのようなレベルでどのような社会のつくり方をするのかが話し合えたら、何かまた違うありようが生まれてくるのかもしれません。

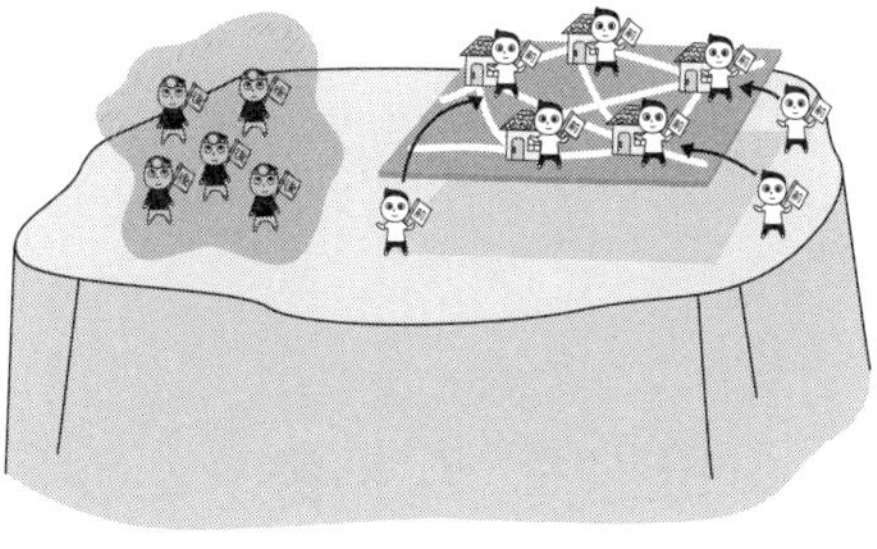

コラム 3

日本の「公」の感覚

私は海外に住んだことがあるわけでも、文化人類学を専攻したわけでもないので、本当にこれは私見のコラムなのですが、話題提起として入れてみたいと思います。

前者的な「社会」を〝共有平面〟、後者的な「社会」を〝個人が何かしらの共通項で集まった総体的なもの〟と大枠で考えた時に、どうも日本に関しては、その中間に別の社会意識があるように思うのです。それを知っている単語で言えば「公私を分ける」で言うところの**「公」**です。

「人目を気にする」という意識もそうですが、個人のプライベート「私」と、その外「公」の切り分けの意識が日本にはあります。「私」のラインをどこに引くのか（「布団の中」「家の内側」「会社の中」）にレベルや段階はありますが、それでも「私」の「外」を意識する感覚はあると思います。

公は「他人と共有・共存する場所」であり、「公」と「私」では、振る舞いを変える。それは美意識にもつながっている感性です。

しかし、かといってこれは西洋の前者的な空中に浮いた共有平面（ゲーム盤）を想定している話ではなく、生身本体の存在している空間側の話なのです。

前者的な社会は**「ゲーム盤の中」**の話、後者的な社会は直接の関係が何かしらある**「身内的グループ」**の中の話、という側面が色濃く出やすいように思うのですが、日本の「公」は、そのどちらの「外」も全て埋めているように感じるのです。

「公」は人間が存在するところ全てを覆う概念です（図26）。日本人なら、限定されたある枠内だけのルールや倫理より上位に、「公」にとってどうかという感性は、今ならまだ持っているのではないでしょうか（実際の行動は利害上の判断でそうはいかなくても）。

この「公」の感覚が日本特有（なのかはわかりませんが）な上に、一見前者

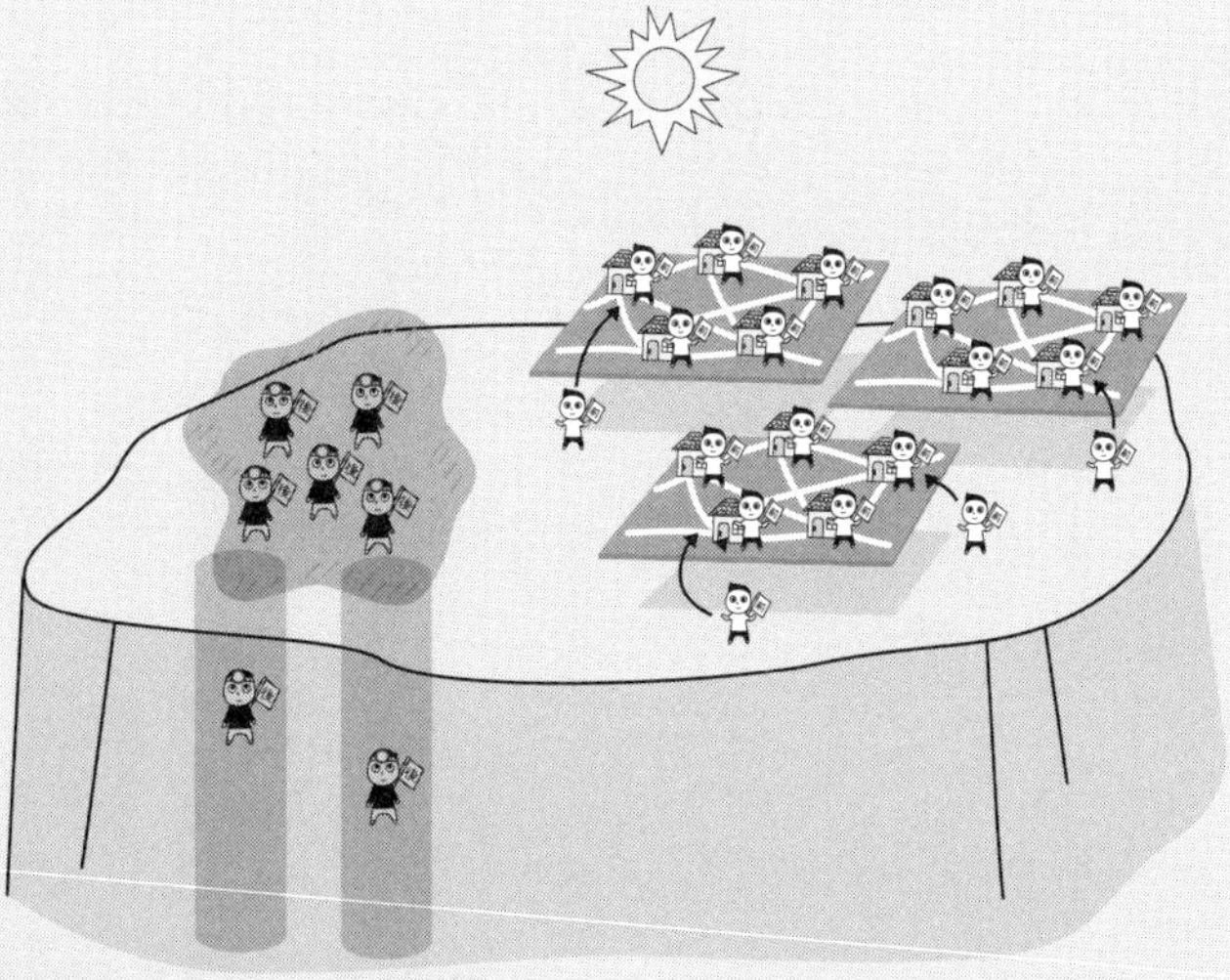

図26

的な共有平面と似ていたために、開国以来の対西洋交渉で、相手の「線引き」感覚がわからず、混乱したり遅れをとったのかもしれません。

この「公」の感覚は、ゲーム盤の中に入ることを条件にするものでも、同化的なつながりを求めるものでもありません。生身の個人を意識しながら、他人への節度、全体の美意識を考えることのできる、前者にも後者にも通じる概念だと思うのです。

人類的なあり方の可能性になりうる概念と感じるのですが、自覚しないまま、前者的な「社会」感覚、後者的な「社会」感覚にのまれて、そのまま廃れていくのはなんとももったいない。この先がどうなるにしても、少なくとも一度、日本の「公」という感性に、日本人として自覚をもってもいいと思うのです。

それにしても、こうして前者と後者の意識のありようや社会感覚を俯瞰すると、厳密な言葉の定義通りかは自信がありませんが、前者の共有平面はまさに**「集合的意識」**（E.デュルケム）、後者のマイホームのある水中側は**「集合的無意識」**（C.ユング）に相当しているように思われるのですが、これは先走りすぎた考えでしょうか。その2つが前者と後者という生身の人間を通して呼吸しあっているとしたら、なかなかダイナミックな世界像を描ける気がします。そして日本はその2つをバランスさせて融合するのに極めて長けている文化民族だったりしないのかな、などとも想像してしまうのです。

9章 それぞれの課題

前者と後者には、それぞれ陥りがちな状況や課題があります。それを一言でいえば前者は**「ふつうしか見てない」**、後者は**「自分しか見えていない」**ということになるかと思われます。

その結果、**「ふつうしかない」「自分しかいない」**という状態で孤立するのです。それは、そうではない側にとっては「どうしてそんなことになるのか」「どうしてたったそれだけのことができないのか」と不思議に思われるのですが、当人の側では、指摘されても気づきもしないことだったり、わかっていても本能に逆らうレベルのハードル感があることだったりします。

周囲と良好な関係を結べていたり、それが本当に素直な自分らしさだったり、幸福だったり充実しているのであればよいのでしょうが、もし**「わかってもらえない」**とすねた気持ちや報われない気持ちを抱くことが多いなら、向き合う必要が高いのではないかと思います。

また、逆に元々の**自分の性質を否定して、**逆サイドのことばかり発達させていたりすると、本来の性質の軸上で超えてくる必要のあったハードルも超えないまま、逆サイドのハードルにも引っかかっているというような、非常に複雑でしんどい状況になっていたりするかもしれません。

「ふつう」のベールを剝がせるか

前者さんは、ずっと動いているんですよね。頭の中もそうですが、たとえ手や足を動かしていない時でも、常に周りに意識が届いていていて、何かあればすぐ動ける待機状態でいる。

綻《ほころ》びを見つければさっと繕いにかかり、わざわざアピールもせず、努力とも気遣いだとも思わないレベルで、それこそ呼吸のようにフォローし先回りしています。共有している平面がみんなに心地良い場所であるように（最大多数の最大幸福を実現するために）**「平和維持活動」**を常に行っているのです（例えが少々失礼かもですが、それこそ「ルンバ」のように）。

そうやって「気づいたら片付いている」「気づいたら上手く進んでいる」という現象を実現してくれているのですが、後者はその〝加護〟にほとんど気づきません（前者が思っているよりは気づいていますが、期待しているほどには全然気づいていません）。前者側がまた、「気づかれないのが美学」みたいなことを思っているせいも大いにあるのですが（判で押したかのようにみなそう言います）、前者の動き方が、後者から見ると意識にも引っかからないくらい自然なために、まるで**靴屋の小人や妖精のような状態になっているのです。**

実際あまりに気づいてもらえないことに、報われない気持ちを持ち続けている前者は多いでしょう。フェアに見て、一般的に**後者は前者に圧倒的に感謝が足りません**（もちろんこれは前者後者間だけではなく、後者同士の間でもありえる話ですが、相対的に）。


しかし一方で、前者のこの習性が**「人を幸せにするか」**というと、「ＹＥＳ」でもあると同時に、「ＮＯ」と言わざるを得ない部分があります。なぜなら、前者は自分自身の幸せを考えていないことが多い上に、前者が無自覚にとっている行動には、**「誰が」「なんのために」「誰のために」**という具体的な主体と客体が不在になっていることが多々あるからです。

最初はあったとしてもいつの間にかすっぽり抜け落ち、それに気づかないいま自動装置のように共有平面上を動いてしまっているのです。それが結果として、全体の状況を追い詰めてしまう傾向につながりがちなのです。

「自分」の動機ではない

まず、**行動している前者本人が、「好きで」やってはいません**。嫌々やっているというのとも違うのですが、自分の感情とか動機とか抜きに「そういうもの」として動いているのです。

後者は、「必ずしも自分がやる必要のないこと」を積極的にやっている人をみかけたら、それが何％かはさておき「やりたくてやっている」「何か意味を見出してやっている」と思うでしょう。前者が後者の「意図がない行動」が想像しがたいのと同じくらい、**後者にとって「動機がない行動」は、想像の範疇外**です。

だから「やりたくなければやらなきゃいいじゃん」「勝手にやっただけでしょ」という話になるのですが、しかし、前者はそもそも「好きで」やっているわけではないのです（前者が後者の意図を誤解しているように、後者も前者の動機を誤解しています）。

個人的な思いやりの感情は乗っていますし、もちろん究極的なことを言えば「好きで」なのですが、それは後者の感覚とは違います。共有平面の平和＝みんなの平和＝みんなの幸せ。これが前者の行動の、**動機以前の「前提」**です。

共有平面上の果たされるべき「ふつう」「平和」が達成できていなければ、**「自分が責任を果たしていないせい」**くらいに感じてしまうから、それが苦しいからやってもいるのです。また「ふつうフィールド」上の役割アバターとしての自分が、もうほぼ自動的に活動しているため、そこに生身の自分の感情や動機が必ずしもあるわけではなく、頭で考えた意図はあっても、「誰が」という**「生身の主体」「主体の動機」が不在**なことが多いのです。

なんなら、自分が「感じている」ことは、平面の平和のためなら不要なもの、出すべきではないものとすら「素」で思っています。よく前者は「自分がない」という悩みを持ちがちですが、それは共有平面に意識をとられて（後者の「潜る」と同じレベルで自動的）、まさに生身の自分の感情や感覚を後回しにして無視しているからにほかなりません。

「誰でもない」誰かのための奉仕

前者は「みんな」のために動いています。「あなた」のためにも動いています。「前者」に対して**「善者」**という当て字をする方がいたのですが、まさに言い得ている表現だなと思います。

善こそは行為ありきで、前者に頭が下がるのは、まさに前者が「行為」の人達なことです。現実の行動があり、現実の恩恵があり、それについて後者は自覚すら足りません。

しかし一方で、そのような前者の動き方に、どうしても**違和感**を持っている後者は多いはずです。前者自身も、相手が「ついてこない」「あまり喜ばれない」「むしろ反発された」なんて経験がけっこうあるのではないでしょうか。会社などの「役割」がメインになってくるシーンではともかく、プライベートな関係に近くなるほど、この現象が増えるはずです。

一方的に前者がどうというわけではなく、受け取り手の問題や関係性上の問題も大いにあるのですが、後者から見た時に〝何が〟引っかかるかは説明できます。

それは、前者が奉仕しているのが、**実際の「みんな」でも「あなた」でもないからなのです。**なぜなら前者が見ているのは、「ふつうはそう」「ふつうならこう感じる」「ふつうならこれが嫌」……対象の条件における**一般データ上の「みんなの（ふつうの）幸福」「あなたの（ふつうの）気持ち」**なのです。

確かに、その「ふつう」が全く当たっていないことはまずないので（コアを外していることはあっても）、実際に何かしらの恩恵は発生します。そう考えた根拠も、毎回「説明がつく」妥当なものです。しかしそれはいつまでも**「この場合」の話ではなく、「私の話」ではない**のです。基本が「生身」な後者は、そのことに非常に敏感です。

そして困ったことに、前者に「そうじゃない」という指摘をしても、「あ、私は○○のふつうであなたのことを考えていたのだけど、▽▽のふつうだった？　ごめん」のように、**アバターチェンジをされるだけ**で、「生身の目の前のわたしが、何を感じ、何を歓び、何を良しとし、何を幸福と感じるかを見てくれ」というリクエストの意味自体が、下手すると伝わりません。

「ふつう」で考えるのが悪い、という話では決してありません。個別具体をそれぞれに考えたらきりがありませんから、便宜的に「ふつう」を想定しながら動くのは1つの妥当なやり方です。外から見える客観的な「ふつう」をもとに状況を「みなし」て、最適解をためらわずに行動できる前者のみなさんはすごいと思います。

しかし一方で、それが「便宜的に」「間接的に」「～という前提で」〝みなした話〟だということを、前者はすっかり忘れて「実体」だと思い込んでしまう癖があるのです。**「みなされた気持ち」「みなされた幸福」は、現実の誰かの「そのもの」ではない**ということが、頭から抜け落ちたまま動くために、すれ違いを起こすのです。

これが行きすぎると、「みんなのため」と言いながら**「誰でもない誰か」のための**、そして現実の周りにいる相手や、生身の自分自身すら幸福にしない（「好きでやっているわけではない」）報われない奉仕、主体も受け取り手もいない、**「なんのために」が存在しない「処理」**が延々と続くことになりかねません。前者は時々立ち止まって、このギャップを意識的に埋める必要があります。

理想郷建設と、終わらない「ふつう」スパイラル

また、私の知る限りほとんどの前者に共通の傾向として、**常に自分が「ふつう」**と思っているという特徴があります。

周囲と比べて明らかに秀でていてそれを評価され、自分でもそれを自覚していながら、「ふつう」どころかむしろそのような自分を「中の下」くらいで見積もることが多いように感じます。謎のダブルスタンダード状態なのです（本当に世界のトップレベルなら話は別なのでしょうが）。

もちろん人によりますが、往々にしてこうなると陥りがちな前者の**迷惑状態**があります。それは、前者が自分を「ふつう」と思っているために、無意識に

それ以下を「ふつう以下」とみなし始めるということです。「自分以下」ではありません。「ふつう以下」です。すると前者が能力を上げれば上げるほど、周りには「ふつう以下」とみなされる人間が量産されていくことになります。

前者当人が自分を「中の下」くらいで考えていると、**集団全員が「ふつう以下」として努力し続ける、謎の状況**が生まれます。「プラスアルファ」や「すごい」を目指して頑張ることを求められているのではなく、**「ふつう」にならなければならない**のです。

そして観察していると、頑張って（前者本人やみんなが）あるハードルに達しても、そこはまた**「最初から当然に平地」**だったかのように扱われ、次の「ふつう」ステップが始まります。

そして、「ふつう」のハードルがどんどん上がっていくという、わけのわからないスパイラルが発生していきます。達成することのない**「謎のふつう」**を目指した加点なき永遠の努力で、まるで到達するまで建設をやめてはいけない共有平面の「理想郷」が、前者の頭の中にはあるように見えます。

みんなの幸福のために「面」全体の状態を常に考え、必要な行動を遂行する前者の習性は素晴らしいと思います。前者が無言で続けてくれている「面」の努力や善意や愛情に、社会は大きく支えられているはずです。しかし一方で、**その行動システム自体が、全員を追い詰める傾向にもつながっている**のは、忘れてはならない視点です。

私見ですが、そんな前者にどうしても欠けがちなのは、私は**「尊敬」**ではないかなと思っています（後者は感謝に欠けがちです）。善意や愛はあっても、**「ふつう」のベールの下の生身の存在**（人間だけではなく）やありように対する、敬意や信頼が薄い。「人間賛歌」という言葉がありますが、賛歌や歓びに欠けがちなのです。なぜならそれを、何より自分自身に対して持っていないからです。

前者が生身の自分自身を尊重し、大切にすることは、そのバランスを取り戻し、全員にとってのWIN-WINになるはずなのです。そのための最初の出発点が、過去や今の自分自身を正当に評価することだったり、「生身の感情や感覚」や「体」を意識することだったりします。心理業界の流行り用語で言えば、それを**「自分軸」**と言ったりもします。

尊敬や歓びを知っている前者は、本当に魅力的で個性的な人が多いように感じます。放っておいたって周りのことを見ている前者が、そうやって自分のことも大切に尊重し受け入れている時、その前者の周囲には（現実の半径でも社会に向けてでも）、人を圧迫する硬い「面」ではなく、人を活かすことのできる美しい「翼」が広がっているように見えるのです。

「わたし」のドームの外に出られるか

自分が唯一の観察者で、「わたし」対「わたし以外の何か」で生きている後者は、自分が認識したものをひたすら自分の内側に蓄え続けているイメージです。前者が「客観的に表に出たもの」の世界、**「みんなの世界」**（＝共有平面）との関係をベースに生きているとしたら、後者はそれぞれが強い**「主観世界」**を展開し、それをベースに生きています。

後者のその主観世界を図でイメージするなら、自分を中心とした自分世界のドーム、**「わたしドーム」**のようなものといえるでしょう（図27）。

後者の「自分ってこう」という自分像も、「世界や社会ってこう」という世界像も、「人から見た自分ってこんなかんじ」という客観像すらも、放ってお

図27

くとこの**「わたしドーム」の中での話**なのです。

そうやって「わたしドーム」の中にいるか、直接「他のドーム」と接触することでゲームの「ぷよぷよ」のような状態で交流するかが、後者のベーシックな営みのため、後者はその「外」の世界にどうしても目が行きません。基本的に後者は**「自分＝主観の中」にしかおらず、自分の世界と連続したものしか見えていない**のです。

断っておきますが、主観と客観は、どちらが正しいというものではありません。後者を**「幸者」**と当て字した人がいたのですが、まさに幸せこそは主観においてしか実現することはできません。そのような意味で後者は、本来「幸せ」の「十分条件」に関して高いギフトをもらった人たちでもあります。またその主観の強さこそが、逆に他人を変えていく力になったり、魅力や強みでもあるのは、そのような後者の友人や知人がいる人なら、誰しもご存じでしょう。

しかし一方で、このドームがあまりに閉鎖的なものになっていて、他人を寄せ付けなかったり、一方的にぶつかってきて他人の世界を荒らしていたり、そもそも（本来安全な場所であるはずの）ドーム内で悪夢が展開されていたりすると、他人と共有できる世界から孤立して、自分の内側に閉じ込められて苦しむことになります。

そのような状態に陥っている後者には、**「わたし」の世界の「外」に気づけるか、出られるかどうか**が大きな課題として存在しています。

そしてまた、「自分しか見えていない」後者には、基本的に**「感謝」がありません**。そもそも気づいていないからです。「気づいていること」にしか気づいていないから、その「中」での感謝はあっても、その「外」でいろんな力や愛情や善意、思いやりに助けられていることを知らず、想像も及ばないのです。

自分のことしか考えていない

「自分のことしか考えていない」と言われたら、後者のみなさんは「そんなことはない」と思うでしょうか。そうですね、そうでない人もたくさんいるでしょう。

しかし、現に人間関係で困っている後者は、けっこうな割合で**「そんなことある」**と思います。そしてそのような人ほど自覚がなく、それが自分の「ドーム」の中に閉じこもっているということでもあります。

それが非常に悪い方に出る、代表的なシーンがこんな感じです。

何かミスをした、間違った、やらかした。この時に後者がやってしまいがちな駄目パターンとして、周りのことよりも、その場をどうこうするよりも、何よりも真っ先に、

「ああ、（私が）またやっちゃった……」
「ああ、（私が）また怒られる……」
「ああ、（私って）なんてだめな奴なんだろう」
「ああ、（私が）許されるためにはこの場をどうしたらいいんだろう」
「ああ、（私って）なんでいつもこうなのだろう」

私私私私私私私私私私私私……**「私」**。

「自分のこと」や「自分の気持ち」でいっぱいで、おろおろして固まって、とにかく**一気に自分の中に閉じこもってしまう**のです。覚えのある方が、多いのではありませんか。

そして、それがまさに「自分」のことしか考えていない、ということなのです。それは、人からもそう見えています。だってこの時、迷惑をかけられた相手のことや、自分の「外」の相手の気持ちを、少しでも考えているでしょうか。いないですよね。考えたとしても、またすぐに「そんな私」の話や「私の気持ち」がどうかに戻るのではないでしょうか。

逆の立場で考えてみます。カフェや喫茶店、飲み屋などで、誰かと話をしながら楽しく時間を過ごしていたら、店員がそばで、ガチャーンとコップや皿を割って、食べ物や飲み物を散らかしてしまったとします。


このような時に、どうでしょう、その店員が、

「申し訳ありません、申し訳ありません、申し訳ありません！」

「私って本当にダメな奴なんです！」「土下座します」

「お気を悪くしたことに対して、私はどうしたらいいでしょうか！」

というテンションで、延々と申し訳なさそうに謝ってきたり、この世の罪を一身に背負ったかのような目つきでこっちを必死に見てきたら……。


正直、その店員が自分の世界でいかに己をダメと思っていて、罪悪感に苛まれているかなんて、楽しくその場を過ごしたい「こちら」にとっては、**全く不**

要な情報**です。

「すみません、お騒がせしました」と一言言ったら、後はさっと片付けてくれたらそれで済む話です。なんならスマートに「これサービスです」と言って一品付けてくれたら、むしろ好感度がアップするくらいなのに、逆にこっちがフォローしてあげなきゃいけない気分にさせられます。

それって少なくとも気持ちのいいものではありませんよね。しかし後者は、この店員さんのようなことを、やってしまいがちなのです。

一度ちゃんと謝るのはもちろん大事ですが、自分の側の気持ちと都合は一回置いて、**目を上げて**「今必要なことは何か」「不要なことは何か」そして人に頼むことも含めて、「少なくとも今自分にできることは何か」ということを考えられるかどうか。それが「自分以外」のことを考えるということで、自分の「外」を見るということでもあります。

自信があったり余裕があったり、心理的に安定している時は後者もそのように振る舞えるのですが、**自分の主観世界が危機的状況**になっていたり、**反射的な緊張**で焦ったりすると、後者はこうやって瞬間的に「閉じてしまう」傾向にあります。

そこが自分の安全地帯だからです。それは自分の心の防衛としては間違ってはいないのですが、そうやって自分でいっぱいになって閉じてしまうことで、結局その後者の客観的立場がより悪くなっていきます。そして悪くなっているのを感じるからこそ、見たくなく、感じたくないのでまた閉じてしまう、という負のスパイラルに陥りがちです。

見たくないものを見たり感じたりするかもしれません。というか見て感じるでしょうが、針のむしろにいるような気持ちの中で、**それでも「外」で踏ん張る**、ということが必要になるのです。そのためには、受け入れたくない自分を引き受ける覚悟も出てきます。対人的な社会生活に関しては、その閉じてしまいそうな時にこそ、「外」で踏ん張って勝負できるかどうかが、後者の1つの分かれ目です。

そしてそれができた時、実は、自分が主観の世界で思い込んでいた時には思いもよらなかったくらい、周りは自分を助けようとしてくれているし、そうしようとしてくれていた人が近くにいたことにも気づくと思います。

意識していることしか意識できていない

「外」を意識するということは、**意識や想像の分母を広げる**ということでもあります。自覚がない人が多いのですが、主観世界で生きている後者は、実は自然体では**「自分が意識しているものしか意識できていない」**という特徴があります。

自分を中心に世界を認識している後者には、意識のライトから外れているものを、自分の世界に取り込めません。頭では知っていても、3章の他人視点と一緒で、**「外」の分母にリアリティが全くない**のです。だから後者の話を聞いていると、話の分母が内容ごとに二転三転しているように感じることがよくあります。

こう言うと「いや私は見えています」「できています」と、堂々と言ってくる後者が非常に多いのですが、少なくともその自覚を一度もしたことがない後者がこの事実に気づいていることは**まずありません**。

たいがいは、その「見えている」「わかっている」「できている」も、「できている時はできている」「やっている時はやっている」、あるいは「仕事の時は」「家事は」など、特定の条件や状況下の話だったりします。でもその後者の中の感覚では、それは**「いつも」**（ないし「正しいタイミングでいつも」）なのです。

もちろん前者は前者で、後者にはふつうに見えているものや、後者がやっていることや担っていることが見えていなかったりもしますから、誰しも「完全に客観的な分母」なんて持っているわけではないのですが、後者の場合はそもそも**「話の分母」に対する意識そのものがない**人が多いのです。

例えば後者のみなさん、1日の間の「飛んでいる」「接続切れしている」時間が客観的にどれくらいか、自分でわかりますか。これ、私も自分で当たりをつけようとして驚愕したのですが、全然見当がつかないのです。

「これくらいじゃないかな」という肌感覚的な当たりをつけることさえ全くできない。みなさんもそうではないでしょうか？　改めて私も自覚したのですが、後者の「マイホーム」側には時間がない（異なる）ため、そちらに「飛んでいる」と、その間の客観的な時間が、**主観的な時間感覚の分母から消える**のです。

だからそんな後者が「いつも／ずっと」という言葉を使った時、たとえそれが客観的には12／24時間の話だったとしても、**後者の主観にとってそれは12／12時間の話＝いつも／ずっと**だったりするのです。

そうすると（質や量は無視して、単純な長さで言ったら）、例えば前者が20／24で「普段どおりかな、今日はちょっと休憩が多かったかな」と思っている間に、後者は12／12で「今日は**ずっと**働いていたぞ」と思っている、という現象を生んだりします（図28）。

後者も嘘をついているわけではなく「間違い」でもありませんから、ここで「全然やっていなかったろ」なんて言われたら、後者の主観的には心外極まりない話で、反発してしまうかもしれません（それで逆ギレされる側も心外極まりないですが）。

しかし、現実として「自分の中の事実」と「外から見える事実」は異なるのです。後者はこの**「自分の主観の感覚」と「自分の外の客観的な基準」とのすり合わせ**を意識しないと、このギャップに（納得がいかないまま）振り回され

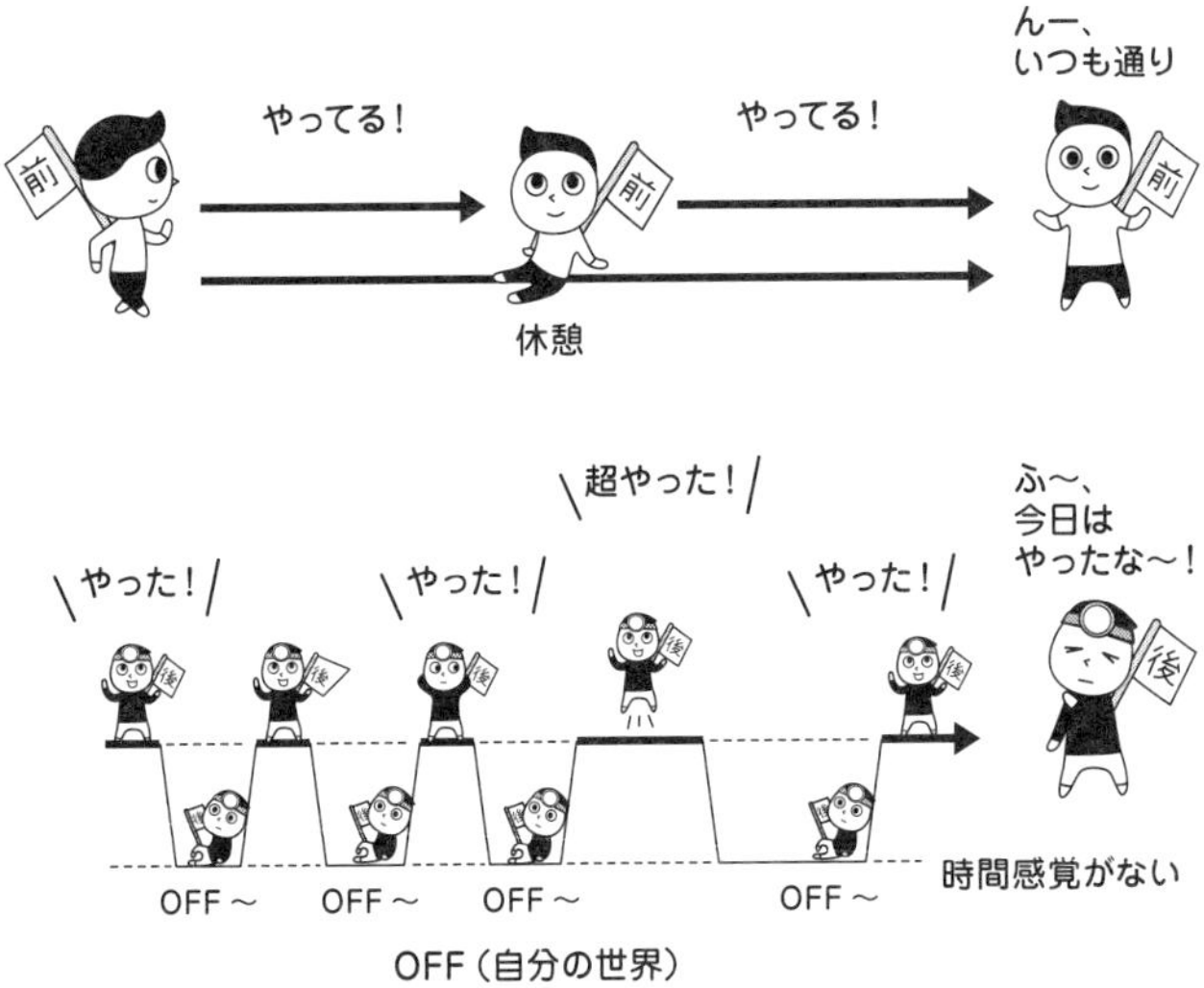
んー、
いつも通り
やってる！
やってる！
前
前
前
休憩
超やった！
ふ〜、
今日は
やったな〜！
やった！
やった！
やった！
後
時間感覚がない
OFF 〜
OFF 〜
OFF 〜
OFF 〜
OFF（自分の世界）

図28

続けることになります。

とはいえ、それ自体は「ご愛嬌」で別にいいのです。周りも大体大目に見てくれていると思います。それに、後者には後者の見えるものがあり、その分「その12」で超ダッシュして、質や量の辻褄を合わせていたりもします。

しかし、後者が問題なのは「自分の意識の外」への想像力が著しく欠けているために、**他人に対する評価を誤りがち**なことです。**「自分に見えるものしか見ていない」「自分しか見えていない」**ために、見えていないところで人が何をしているかの想像がなく、だから自分「だけ」が頑張ったり貢献している気でいたり、20／24で動いている人が、20を前提にパワー配分している1／20の姿を、「本気じゃない」「要領よくやっている」などと思ったりもします。

しかも、後者同士でも「意識している」タイミングや対象が違うため、**「自分は頑張ってやっている（できている）のに、相手がしていない（できていな**

い)」ことばかりがよく見えたりします。分母が小さい分、むしろ拡大して見えたりします。そのため後者同士の言い合いは、お互いに自分を完全に棚に上げての「どっちもどっち」な不毛な争いであることがよくあります。

「自分のことだけアピールしてきて、人のことは文句ばっかり」……なんて誰かを見て思ったときには、後者は**人の振り見て我が振り直せ**という、古来の格言をブーメランで我が身に刻む必要があります。そして結局**「お互いさま」**なのです（たとえその相手に対してはそうでなくても、必ず他の誰かに同じようなことをやっています）。

後者は、自分にとっての例えば1／3の感覚で見つけた相手の粗や、あるいは善意の行動の**「本当の分母はどうなのか」**という可能性を想像できると、世界が全く違って見えると思います。それは1／10の粗かもしれず、13／15の善意かもしれません。**自分の分母の「外」への想像力**は、後者が社会的なシーンのどこかでぶつかる壁で、1つの明暗を分けることが多いかと思います。

とはいえ、現在、特に孤立を感じずに幸せでいる人は、そのままでいいと思います。完璧な人などいませんし、たとえ客観性が皆無だったとしても、それも含めたその人の「わたしドーム」のありように魅力があり、周りに受け入れられて愛されているということだからです。

おそらく後者は**「自分の周りにどんな人がいるか」**が、自分の「ドーム」がどんな状態かを知る1つのバロメーターだと思います。いい友人や知人が周りにいるのなら、いろんなことを許してくれているだろう周りに感謝しつつ、今の自分をぜひ肯定してあげてください。

「主観の夢」の力

いろいろ書いてきましたが、後者の主観の強さの短所面は大いにあるものの、それ自体は後者の持っている非常に素晴らしい力だと思っています。また、主観でできあがった世界像を、言ってみれば「夢のようなもの」と捉えるなら、後者はそれが悪夢であれ幸福な夢であれ **「夢を見る力が強い」人々**でもあります。

現代はとても**「客観」の力が強い時代**です。分類され数値化され評価され比較され、さらにはそれを記録され共有される……日常生活をふつうに営むだけでも、容赦のない客観評価が襲ってきます。主観を暴く客観性の圧力から逃げることは、ふつうの人間にはほぼ不可能ではないでしょうか。自分の主観世界をそのまま許しておいてもらえる余地が、どんどん狭くなってきているといえます。

逆に逃げようと思うなら、自分を閉じて、あるいは威嚇的になって、見るものや生きる半径を不自然に狭めていくしかなく、他人と共有できる世界の居場所がなくなっていきます。あるいは自分を半分麻痺させて、夢遊病のような状態で生きるかです。

自分を閉じれば、自分だけの夢の世界にいることは可能です。後者の主観の強さは少なからず「思い込みの強さ」と「鈍感さ」に支えられていますので、それを磨けばそのようなこともできるかもしれません。心が疲弊しきっている時には、そういうやり方も充電期間として大事なことかもしれませんが、そうやって自分の中だけの、他人のいない夢を見続けるのが果たして理想でしょうか?

「外」の世界にも「他人」にも気づかないままでいるなら、それは他者に守られているからこそ見られる**「子供の夢」**でしかありません。かといって、客観に荒らされるままに屈従して「大人な」つもりで「夢」を見るのをやめるのも、**つまらない（夢のない）**話です。

ただのシニカルには、なんの希望もないどころか、他人の夢を荒らす虚無の加担者になりかねません。客観性の吹き荒れる世界にこそ**「目覚めてなお夢を見ることができる人間」「他人と共存できる夢を見られる人間」**が、切実に必要になってくるだろうと思います。それは「特別な誰か」の話ではなく、後者一人ひとりが本来その強さを持っていると思うのです。

そして「自分以外の人間がいる」「自分の外の世界がある」ことを知るのは、怖いだけではありません。「外」へ視野を広げれば、実は世界は意外と優しく、自分が助けられてきたことも、今も手を差し伸べてくれている人がいることも、たくさんの厚意の中に支えられていたことにも気づくことでしょう。**その時、初めて「感謝」ができる**のだろうと思います。

客観性に対峙しても全く意識なく素直な自然体でいられる後者は、希少な〝天然モノ〟です。能力の裏付けがあろうと思い込みの力だろうと「だから？」と言い放てる後者は天才でしょう。そして、「外」を見てなお**「それでも自分はこれを信じている」「それでもこれをする」**と選択できる後者は本物です（それがどんな半径であろうと）。

そこに同じ夢を共有できる誰かも現れることでしょう。また、他人をそこに住まわせて守ることもできるかもしれません。そしてまた、客観にさらしてなお揺らがない、後者の主観の絶対の確信こそが、世界を逆に支え、変えてきた歴史があるはずです。

他人とつながることのできる大小の夢の数々が、世界の中で呼吸するのを私は見てみたいと思っています。

あとがき

なぜタイプを分けるのでしょうか。

「分ける必要なんてあるの?」、あるいは真逆に **「〝人それぞれ〟でいいじゃない」** という意見は、タイプ論一般に関してよく耳にします。その人がどんなレベルでそれを語っているかにもよりますが、**「言っていることはわかるし、最後はその通りなのだけども、そうではない」** と個人的にはいつも感じます。

確かにタイプ論一般の持つ、非常な弊害は理解しています。人間の1つの切り口でしかないことなのに、それ「ありき」でしか見えなくなって、他の可能性や発達を阻害してしまったり、イメージが先行して、例えば男女で言うジェンダー的な話がセクシャルな話かのように誤解されて広まったり。

分けた瞬間に、人を「その世界」に押し込めようとする力学が、確実に発生するでしょう。それに対する警戒心は、私はとてもまっとうな感覚だと思います。

でも一方で、「はじめに」で書いたとおりに、人は個性の手前でいろんな共通の影響を受けています。その部分を無視して、なんでも「個性だ」といってしまうのは、私には時に非常に無責任な態度に見えます。「なんでも個性」は、「違い方」がどうでもいいと言っているのと等しい。その「違い方」によって、個人を超えて発生していることがあるのに、それがどんな性質のものか見極める目を持とうとすることを放棄しているからです。

『亜人ちゃんは語りたい』という学園コメディの漫画から、私の好きな主人公の先生のセリフを紹介します。

亜人（デミ）、というのは何割かの確率で生まれるバンパイアとか雪女とか、妖怪の性質を持った人間のことです（ふつうに社会で生活しています）。ひかりは生徒です。

確かにあいつは『バンパイアの性質』に即した行動はあまりしない／だがそれでバンパイアらしくないと言われると／…それは違う

ひかりは人から血を吸いたい気持ちはあるがパックで我慢している／またバンパイアの嗅覚を上回ってなお匂いの強い食べ物が好き

そういった『人間性』があいつのバンパイアらしさであり人間としての個性だ／らしさは生まれ持った『性質』ではない　『性質』をふまえてどう生きるかだ

ちゃんと人間性を見てあげなくてはならないが……だからと言って、亜人の性質の理解を怠っていいわけじゃない／亜人特有の悩みは必ず性質に起因するからだ

モノの見方は一方向ではだめだ。双方向で然るべき

亜人の特性だけを見ていると個性を見失う／人間性だけを見ていると、悩みの原因にたどり着けない／どちらも大切だ／バランスが大切なんだ／オレはそう考えている（ペトス著「亜人ちゃんは語りたい　2巻」p28～31　講談社）

私も大いに同意します。

また、「分ける」「切る」という行為には、**「混乱を断ち切る」**という効用もあると私は思っています。それは「分けるために分ける」のではなく、絡まり合ってもつれてしまっている何かの関係を**「一度断ち切って、改めて結び直す」ためのもの**です。

前者後者という切り口は、そういう一刀になりうると信じています。前者後者の視点の発想は、いろんな現場を持つ方が現に直面している違和感や課題に対して、多くのヒントや答えの提示になるのではないでしょうか。日本はもともと、高度にその2つの世界が融合して、バランスを生み合っている社会のように思うのです。

本書の前者後者は、いわゆる学問的なエビデンスを根拠に語っているものではありません。Aと、AではないBがあるという定義によって線を引き、それぞれに該当する例が実際に存在するというところが出発点です。

だから問うべきは「本当か？」ではなくて「有用か？」です。そして着眼点、自分自身の経験、数々の活動を通した周りの反応から得た「有用である」という確信が、発信の基礎です。内容的には、まだ細かくは検証が必要なものや、異論反論のあるものもあるかもしれませんが、そういったご意見は**喜んで歓迎します。**なぜなら、私のまず果たそうとしている役割は**「（優れた）たたき台の提出」**だからです。

また本書に載せた内容は、前者後者について**現時点でわかっている知見のほんの走りの部分**です。両者の間には、例えばコミュニケーション形式の違いであったり、言語の意味しているところの違いであったり、陥りがちな誤解と対策や、情報整理や日常生活（例えば片付け）のノウハウの考え方だったり、それぞれの中でのタイプ分けなど、本書に割愛している内容がまだまだたくさんあります。

中には非常に実用的なものや、さらにもう一歩「そういうことだったのか」とみなさんを納得させられる内容も、まだまだ控えています。学校教育や、片付け、演劇などの現場を持つ方が、前者後者をもとにした指導法を実践された、フィードバックも存在します。

立ち上げて日が浅いですが「前者後者.com」（https://www.zenshakousha.com）というサイトで前者後者関連情報を集めていますことも、紹介しておきます。

スタンスとしては「前者後者」を軸に、新たにゼロから何かをしたいというよりは、既に世の中にあるプロフェッショナルなものの中に、この前者後者が「新しい目」の役割を果たし、それらの活動がより適切で有用な納得のあるものになる助けとなることを狙っています。そしてもし、お役に立ちましたらそれをご報告いただければ非常にありがたいです。観察機会をいただけるのも、お仕事のご提案もお待ちしております。そしてまた、その知見を発信できる、またの機会を持てればと考えております。

最後に、この前者後者論は、提唱者の心屋仁之助さんはじめ、ネット上のいろんなかたの所見から、多くの事実や説明の仕方、ヒントをいただいて今に至るものです。その主要な参考記事を一覧にしておりますので、ご参照ください。

参考記事一覧（敬称略）

性格リフォームカウンセラー　心屋仁之助（前者）

『【永久保存版】大人になりたくてなれなかったひと、大人になりたくてなれてしまったひと』（前者後者論初出記事）

https://ameblo.jp/kokoro-ya/entry-12096121444.html

『■【永久保存版・全体概要】前者・後者は世界を救う?!　前者後者ってなんだ?』（心屋のまとめ版）

https://ameblo.jp/kokoro-ya/entry-12147677137.html

＊　＊　＊

ともぴ☆心屋認定リセットカウンセラー（前者）

『前者は怒りの壺を持っているんです』

https://ameblo.jp/thste708/entry-12173916390.html

心理カウンセラー　心屋塾認定講師　高橋かずえ（カエル姉さん）（前者）

『◆マルチな「前者」が集中出来ないワケ。』

https://ameblo.jp/pakupaku-kazupi/entry-12149966426.html

ちぃ（前者）
『〃前者後者座談会【x教育編】のレポート⑥前者篇〃』
https://ameblo.jp/wind-of-grace/entry-12264627948.html

心屋＆誕生数秘学カウンセラー ちづ（後者）
『個性の無い後者』
https://ameblo.jp/hiyookmame/entry-12159250184.html

八屋虎子。（前者）
『【前者後者論】1）視点の差』
https://ameblo.jp/thisisapen0000/entry-12418392802.html

とんちゃん@心屋認定カウンセラー（後者）
『私は「あなた」にしてあげたいの』
https://ameblo.jp/tonchan-bird/entry-12417005691.html?frm=theme

ナミキレイナ（後者）
『【前者後者論】「普通」に憧れてたこと、ありますか？』
https://ameblo.jp/animal-ikuji/entry-12287028622.html

まるまるまちこ（後者／前者後者論漫画）
『1-6前者後者てなに？』
https://ameblo.jp/machicomanga/entry-12416901128.html

【後者の会】（Facebook の後者だけの公開グループ／向江管理）
https://www.facebook.com/groups/1865118653759793/

既にブログを閉められていますが、**春夜さん（前者）**の『前者の頭の中』の記事、**にゃあさん（前者）**の『一般ビトスーツ』の記事も参考にさせてもらいました。

＊　＊　＊

その他、ここに載っていない方の多くの記事やコメント、イベントに参加下さったみなさん全て考察につながっております。そもそも、私が今の疑問を持つきっかけになった前者の母や妹、自分と似ている後者の父を始め、思い起こせば前者―後者で真っ二つに分かれていた前身が合併した私の出身企業、お世話になった諸先輩、私に関わった全ての人との経験を全て活かしています。また前者後者の多くの意見を交換し合い、刺激をもらった今田くん、熊井さん、山手商会山川早霧さん、みらい研究所後藤さん、かおり先生、オオノさん、りっちゃん、紅林夫妻、子供の発達デザイン研究所小宮けいさん、ありがとうございます。恩師影山先生、不肖の弟子はここまでやりましたよ！

そして、初期の頃から前者後者の活動を共に行い、直接支えてきてくれた津崎智子（ともぴ）、国司千津子（ちづ）、みきさん、有形無形の支援をいただいた朝見夫妻に心より感謝します。

向江好美（むかえ・よしみ）

東京大学法学部卒。大手メーカーで生産管理～営業を経験。仕事や人生のあり方に悩む中、TVで心屋仁之助氏のカウンセリングを見たことをきっかけに、心理の世界に本格的に興味を持ち始める。

自分自身の課題の山を超えた後のある日、カウンセリングを見学中に落雷のようなインスピレーションに突如胸を打たれ、「あ、やれる。」と確信。「会社を辞めよう！」とその瞬間に決断し、その後セラピストとして独立。

2016年、前者後者の閃きに出会って人生の疑問が一気に氷解する。問答無用の流れに押し流されるまま、前者後者の活動がメインに加わり、今に至る。

管理サイト
前者後者.com　https://www.zenshakousha.com/
ブログ　https://ameblo.jp/mukae-443

「自己チュー」で怒られる人
「気にしい」で疲れちゃう人

初版1刷発行 ● 2020年3月24日

著者
向江《むかえ》 好美《よしみ》

発行者
小田 実紀

発行所
株式会社Clover出版
〒162-0843 東京都新宿区市谷田町3-6 THE GATE ICHIGAYA 10階
Tel.03(6279)1912　Fax.03(6279)1913　http://cloverpub.jp

印刷所
日経印刷株式会社

ISBN978-4-908033-64-3　C0011

装丁／冨澤崇（EBranch）イラストレーション／門川洋子